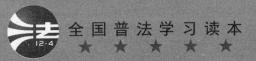

婚姻家庭法律法规学习读本

抚养赡养类法律法规

叶浦芳　主编

加大全民普法力度，建设社会主义法治文化，树立宪法法律至上、法律面前人人平等的法治理念。

——中国共产党第十九次全国代表大会《决胜全面建成小康社会　夺取新时代中国特色社会主义伟大胜利》

汕头大学出版社

图书在版编目（CIP）数据

抚养赡养类法律法规／叶浦芳主编．－－汕头：汕
头大学出版社（2021．7重印）

（婚姻家庭法律法规学习读本）

ISBN 978-7-5658-3329-8

Ⅰ．①抚… Ⅱ．①叶… Ⅲ．①亲属法-中国-学习参
考资料 Ⅳ．①D923.904

中国版本图书馆 CIP 数据核字（2018）第 000828 号

抚养赡养类法律法规　　*FUYANG SHANYANGLEI FALÜ FAGUI*

主　　编：叶浦芳
责任编辑：汪艳蕾
责任技编：黄东生
封面设计：大华文苑
出版发行：汕头大学出版社
　　　　　广东省汕头市大学路 243 号汕头大学校园内　　邮政编码：515063
电　　话：0754-82904613
印　　刷：三河市南阳印刷有限公司
开　　本：690mm×960mm 1/16
印　　张：18
字　　数：226 千字
版　　次：2018 年 1 月第 1 版
印　　次：2021 年 7 月第 2 次印刷
定　　价：59.60 元（全 2 册）
ISBN 978-7-5658-3329-8

前　言

习近平总书记指出："推进全民守法，必须着力增强全民法治观念。要坚持把全民普法和守法作为依法治国的长期基础性工作，采取有力措施加强法制宣传教育。要坚持法治教育从娃娃抓起，把法治教育纳入国民教育体系和精神文明创建内容，由易到难、循序渐进不断增强青少年的规则意识。要健全公民和组织守法信用记录，完善守法诚信褒奖机制和违法失信行为惩戒机制，形成守法光荣、违法可耻的社会氛围，使遵法守法成为全体人民共同追求和自觉行动。"

中共中央、国务院曾经转发了中央宣传部、司法部关于在公民中开展法治宣传教育的规划，并发出通知，要求各地区各部门结合实际认真贯彻执行。通知指出，全民普法和守法是依法治国的长期基础性工作。深入开展法治宣传教育，是全面建成小康社会和新农村的重要保障。

普法规划指出：各地区各部门要根据实际需要，从不同群体的特点出发，因地制宜开展有特色的法治宣传教育坚持集中法治宣传教育与经常性法治宣传教育相结合，深化法律进机关、进乡村、进社区、进学校、进企业、进单位的"法律六进"主题活动，完善工作标准，建立长效机制。

特别是农业、农村和农民问题，始终是关系党和人民事业发展的全局性和根本性问题。党中央、国务院发布的《关于推进社会主义新农村建设的若干意见》中明确提出要"加强农村法制建设，深入开展农村普法教育，增强农民的法制观念，提高农民依法行使权利和履行义务的自觉性。"多年普法实践证明，普及法律知识，提高法制观念，增强全社会依法办事意识具有重要作用。特别是在广大农村进行普法教育，是提高全民法律素质的需要。

多年来，我国在农村实行的改革开放取得了极大成功，农村发生了翻天覆地的变化，广大农民生活水平大大得到了提高。但是，由于历史和社会等原因，现阶段我国一些地区农民文化素质还不高，不学法、不懂法、不守法现象虽然较原来有所改变，但仍有相当一部分群众的法制观念仍很淡化，不懂、不愿借助法律来保护自身权益，这就极易受到不法的侵害，或极易进行违法犯罪活动，严重阻碍了全面建成小康社会和新农村步伐。

为此，根据党和政府的指示精神以及普法规划，特别是根据广大农村农民的现状，在有关部门和专家的指导下，特别编辑了这套《全国普法学习读本》。主要包括了广大人民群众应知应懂、实际实用的法律法规。为了辅导学习，附录还收入了相应法律法规的条例准则、实施细则、解读解答、案例分析等；同时为了突出法律法规的实际实用特点，兼顾地方性和特殊性，附录还收入了部分某些地方性法律法规以及非法律法规的政策文件、管理制度、应用表格等内容，拓展了本书的知识范围，使法律法规更"接地气"，便于读者学习掌握和实际应用。

在众多法律法规中，我们通过甄别，淘汰了废止的，精选了最新的、权威的和全面的。但有部分法律法规有些条款不适应当下情况了，却没有颁布新的，我们又不能擅自改动，只得保留原有条款，但附录却有相应的补充修改意见或通知等。众多法律法规根据不同内容和受众特点，经过归类组合，优化配套。整套普法读本非常全面系统，具有很强的学习性、实用性和指导性，非常适合用于广大农村和城乡普法学习教育与实践指导。总之，是全国全民普法的良好读本。

目　　录

中国人民共和国未成年人保护法

家庭寄养管理办法

中华人民共和国预防未成年人犯罪法

中华人民共和国老年人权益保障法

中国人民共和国未成年人保护法

中华人民共和国主席令

第六十五号

《全国人民代表大会常务委员会关于修改〈中华人民共和国未成年人保护法〉的决定》已由中华人民共和国第十一届全国人民代表大会常务委员会第二十九次会议于 2012 年 10 月 26 日通过，现予公布，自 2013 年 1 月 1 日起施行。

中华人民共和国主席　胡锦涛

2012 年 10 月 26 日

(1991 年 9 月 4 日第七届全国人民代表大会常务委员会第二十一次会议通过；根据 2006 年 12 月 29 日第十届全国人民代表大会常务委员会第二十五次会议第一次修订通过；根据 2012 年 10 月 26 日第十一届全国人民代表大会常务委员会第二十九次会议通过的《全国人民代表大会常务委员会关于修改〈中华人民共和国未成年人保护法〉的决定》第二次修正)

第一章　总　则

第一条　为了保护未成年人的身心健康，保障未成年人的合法权益，促进未成年人在品德、智力、体质等方面全面发展，培养有理想、有道德、有文化、有纪律的社会主义建设者和接班人，根据宪法，制定本法。

第二条　本法所称未成年人是指未满十八周岁的公民。

第三条　未成年人享有生存权、发展权、受保护权、参与权等权利，国家根据未成年人身心发展特点给予特殊、优先保护，保障未成年人的合法权益不受侵犯。

未成年人享有受教育权，国家、社会、学校和家庭尊重和保障未成年人的受教育权。

未成年人不分性别、民族、种族、家庭财产状况、宗教信仰等，依法平等地享有权利。

第四条　国家、社会、学校和家庭对未成年人进行理想教育、道德教育、文化教育、纪律和法制教育，进行爱国主义、集体主义和社会主义的教育，提倡爱祖国、爱人民、爱劳动、爱科学、爱社会主义的公德，反对资本主义的、封建主义的和其他的腐朽思想的侵蚀。

第五条　保护未成年人的工作，应当遵循下列原则：

（一）尊重未成年人的人格尊严；

（二）适应未成年人身心发展的规律和特点；

（三）教育与保护相结合。

第六条　保护未成年人，是国家机关、武装力量、政党、社会团体、企业事业组织、城乡基层群众性自治组织、未成年人的监护人和其他成年公民的共同责任。

对侵犯未成年人合法权益的行为，任何组织和个人都有权予以劝阻、制止或者向有关部门提出检举或者控告。

国家、社会、学校和家庭应当教育和帮助未成年人维护自己的合法权益，增强自我保护的意识和能力，增强社会责任感。

第七条 中央和地方各级国家机关应当在各自的职责范围内做好未成年人保护工作。

国务院和地方各级人民政府领导有关部门做好未成年人保护工作；将未成年人保护工作纳入国民经济和社会发展规划以及年度计划，相关经费纳入本级政府预算。

国务院和省、自治区、直辖市人民政府采取组织措施，协调有关部门做好未成年人保护工作。具体机构由国务院和省、自治区、直辖市人民政府规定。

第八条 共产主义青年团、妇女联合会、工会、青年联合会、学生联合会、少年先锋队以及其他有关社会团体，协助各级人民政府做好未成年人保护工作，维护未成年人的合法权益。

第九条 各级人民政府和有关部门对保护未成年人有显著成绩的组织和个人，给予表彰和奖励。

第二章 家庭保护

第十条 父母或者其他监护人应当创造良好、和睦的家庭环境，依法履行对未成年人的监护职责和抚养义务。

禁止对未成年人实施家庭暴力，禁止虐待、遗弃未成年人，禁止溺婴和其他残害婴儿的行为，不得歧视女性未成年人或者有残疾的未成年人。

第十一条 父母或者其他监护人应当关注未成年人的生理、心理状况和行为习惯，以健康的思想、良好的品行和适当的方法教育和影响未成年人，引导未成年人进行有益身心健康的活动，预防和制止未成年人吸烟、酗酒、流浪、沉迷网络以及赌博、吸毒、卖淫等行为。

第十二条 父母或者其他监护人应当学习家庭教育知识，正确履行监护职责，抚养教育未成年人。

有关国家机关和社会组织应当为未成年人的父母或者其他监护人提供家庭教育指导。

第十三条 父母或者其他监护人应当尊重未成年人受教育的权利，必须使适龄未成年人依法入学接受并完成义务教育，不得使接受义务教育的未成年人辍学。

第十四条 父母或者其他监护人应当根据未成年人的年龄和智力发展状况，在作出与未成年人权益有关的决定时告知其本人，并听取他们的意见。

第十五条 父母或者其他监护人不得允许或者迫使未成年人结婚，不得为未成年人订立婚约。

第十六条 父母因外出务工或者其他原因不能履行对未成年人监护职责的，应当委托有监护能力的其他成年人代为监护。

第三章　学校保护

第十七条 学校应当全面贯彻国家的教育方针，实施素质教育，提高教育质量，注重培养未成年学生独立思考能力、创新能力和实践能力，促进未成年学生全面发展。

第十八条 学校应当尊重未成年学生受教育的权利，关心、爱护学生，对品行有缺点、学习有困难的学生，应当耐心教育、帮助，不得歧视，不得违反法律和国家规定开除未成年学生。

第十九条　学校应当根据未成年学生身心发展的特点，对他们进行社会生活指导、心理健康辅导和青春期教育。

第二十条　学校应当与未成年学生的父母或者其他监护人互相配合，保证未成年学生的睡眠、娱乐和体育锻炼时间，不得加重其学习负担。

第二十一条　学校、幼儿园、托儿所的教职员工应当尊重未成年人的人格尊严，不得对未成年人实施体罚、变相体罚或者其他侮辱人格尊严的行为。

第二十二条　学校、幼儿园、托儿所应当建立安全制度，加强对未成年人的安全教育，采取措施保障未成年人的人身安全。

学校、幼儿园、托儿所不得在危及未成年人人身安全、健康的校舍和其他设施、场所中进行教育教学活动。

学校、幼儿园安排未成年人参加集会、文化娱乐、社会实践等集体活动，应当有利于未成年人的健康成长，防止发生人身安全事故。

第二十三条　教育行政等部门和学校、幼儿园、托儿所应当根据需要，制定应对各种灾害、传染性疾病、食物中毒、意外伤害等突发事件的预案，配备相应设施并进行必要的演练，增强未成年人的自我保护意识和能力。

第二十四条　学校对未成年学生在校内或者本校组织的校外活动中发生人身伤害事故的，应当及时救护，妥善处理，并及时向有关主管部门报告。

第二十五条　对于在学校接受教育的有严重不良行为的未成年学生，学校和父母或者其他监护人应当互相配合加以管教；

无力管教或者管教无效的，可以按照有关规定将其送专门学校继续接受教育。

依法设置专门学校的地方人民政府应当保障专门学校的办学条件，教育行政部门应当加强对专门学校的管理和指导，有关部门应当给予协助和配合。

专门学校应当对在校就读的未成年学生进行思想教育、文化教育、纪律和法制教育、劳动技术教育和职业教育。

专门学校的教职员工应当关心、爱护、尊重学生，不得歧视、厌弃。

第二十六条 幼儿园应当做好保育、教育工作，促进幼儿在体质、智力、品德等方面和谐发展。

第四章 社会保护

第二十七条 全社会应当树立尊重、保护、教育未成年人的良好风尚，关心、爱护未成年人。

国家鼓励社会团体、企业事业组织以及其他组织和个人，开展多种形式的有利于未成年人健康成长的社会活动。

第二十八条 各级人民政府应当保障未成年人受教育的权利，并采取措施保障家庭经济困难的、残疾的和流动人口中的未成年人等接受义务教育。

第二十九条 各级人民政府应当建立和改善适合未成年人文化生活需要的活动场所和设施，鼓励社会力量兴办适合未成年人的活动场所，并加强管理。

第三十条 爱国主义教育基地、图书馆、青少年宫、儿童活动中心应当对未成年人免费开放；博物馆、纪念馆、科技馆、展览馆、美术馆、文化馆以及影剧院、体育场馆、动物园、公园等场所，应当按照有关规定对未成年人免费或者优惠开放。

第三十一条 县级以上人民政府及其教育行政部门应当采取措施，鼓励和支持中小学校在节假日期间将文化体育设施对未成年人免费或者优惠开放。

社区中的公益性互联网上网服务设施，应当对未成年人免费或者优惠开放，为未成年人提供安全、健康的上网服务。

第三十二条 国家鼓励新闻、出版、信息产业、广播、电影、电视、文艺等单位和作家、艺术家、科学家以及其他公民，创作或者提供有利于未成年人健康成长的作品。出版、制作和传播专门以未成年人为对象的内容健康的图书、报刊、音像制品、电子出版物以及网络信息等，国家给予扶持。

国家鼓励科研机构和科技团体对未成年人开展科学知识普及活动。

第三十三条 国家采取措施，预防未成年人沉迷网络。

国家鼓励研究开发有利于未成年人健康成长的网络产品，推广用于阻止未成年人沉迷网络的新技术。

第三十四条 禁止任何组织、个人制作或者向未成年人出售、出租或者以其他方式传播淫秽、暴力、凶杀、恐怖、赌博等毒害未成年人的图书、报刊、音像制品、电子出版物以及网络信息等。

第三十五条 生产、销售用于未成年人的食品、药品、玩具、用具和游乐设施等，应当符合国家标准或者行业标准，不得有害于未成年人的安全和健康；需要标明注意事项的，应当在显著位置标明。

第三十六条 中小学校园周边不得设置营业性歌舞娱乐场所、互联网上网服务营业场所等不适宜未成年人活动的场所。

营业性歌舞娱乐场所、互联网上网服务营业场所等不适宜未成年人活动的场所，不得允许未成年人进入，经营者应当在显著位置设置未成年人禁入标志；对难以判明是否已成年的，应当要求其出示身份证件。

第三十七条　禁止向未成年人出售烟酒，经营者应当在显著位置设置不向未成年人出售烟酒的标志；对难以判明是否已成年的，应当要求其出示身份证件。

任何人不得在中小学校、幼儿园、托儿所的教室、寝室、活动室和其他未成年人集中活动的场所吸烟、饮酒。

第三十八条　任何组织或者个人不得招用未满十六周岁的未成年人，国家另有规定的除外。

任何组织或者个人按照国家有关规定招用已满十六周岁未满十八周岁的未成年人的，应当执行国家在工种、劳动时间、劳动强度和保护措施等方面的规定，不得安排其从事过重、有毒、有害等危害未成年人身心健康的劳动或者危险作业。

第三十九条　任何组织或者个人不得披露未成年人的个人隐私。

对未成年人的信件、日记、电子邮件，任何组织或者个人不得隐匿、毁弃；除因追查犯罪的需要，由公安机关或者人民检察院依法进行检查，或者对无行为能力的未成年人的信件、日记、电子邮件由其父母或者其他监护人代为开拆、查阅外，任何组织或者个人不得开拆、查阅。

第四十条　学校、幼儿园、托儿所和公共场所发生突发事件时，应当优先救护未成年人。

第四十一条　禁止拐卖、绑架、虐待未成年人，禁止对未成年人实施性侵害。

禁止胁迫、诱骗、利用未成年人乞讨或者组织未成年人进行有害其身心健康的表演等活动。

第四十二条 公安机关应当采取有力措施，依法维护校园周边的治安和交通秩序，预防和制止侵害未成年人合法权益的违法犯罪行为。

任何组织或者个人不得扰乱教学秩序，不得侵占、破坏学校、幼儿园、托儿所的场地、房屋和设施。

第四十三条 县级以上人民政府及其民政部门应当根据需要设立救助场所，对流浪乞讨等生活无着未成年人实施救助，承担临时监护责任；公安部门或者其他有关部门应当护送流浪乞讨或者离家出走的未成年人到救助场所，由救助场所予以救助和妥善照顾，并及时通知其父母或者其他监护人领回。

对孤儿、无法查明其父母或者其他监护人的以及其他生活无着的未成年人，由民政部门设立的儿童福利机构收留抚养。

未成年人救助机构、儿童福利机构及其工作人员应当依法履行职责，不得虐待、歧视未成年人；不得在办理收留抚养工作中牟取利益。

第四十四条 卫生部门和学校应当对未成年人进行卫生保健和营养指导，提供必要的卫生保健条件，做好疾病预防工作。

卫生部门应当做好对儿童的预防接种工作，国家免疫规划项目的预防接种实行免费；积极防治儿童常见病、多发病，加强对传染病防治工作的监督管理，加强对幼儿园、托儿所卫生保健的业务指导和监督检查。

第四十五条 地方各级人民政府应当积极发展托幼事业，办好托儿所、幼儿园，支持社会组织和个人依法兴办哺乳室、托儿所、幼儿园。

各级人民政府和有关部门应当采取多种形式，培养和训练幼儿园、托儿所的保教人员，提高其职业道德素质和业务能力。

第四十六条 国家依法保护未成年人的智力成果和荣誉权

不受侵犯。

第四十七条 未成年人已经完成规定年限的义务教育不再升学的，政府有关部门和社会团体、企业事业组织应当根据实际情况，对他们进行职业教育，为他们创造劳动就业条件。

第四十八条 居民委员会、村民委员会应当协助有关部门教育和挽救违法犯罪的未成年人，预防和制止侵害未成年人合法权益的违法犯罪行为。

第四十九条 未成年人的合法权益受到侵害的，被侵害人及其监护人或者其他组织和个人有权向有关部门投诉，有关部门应当依法及时处理。

第五章　司法保护

第五十条 公安机关、人民检察院、人民法院以及司法行政部门，应当依法履行职责，在司法活动中保护未成年人的合法权益。

第五十一条 未成年人的合法权益受到侵害，依法向人民法院提起诉讼的，人民法院应当依法及时审理，并适应未成年人生理、心理特点和健康成长的需要，保障未成年人的合法权益。

在司法活动中对需要法律援助或者司法救助的未成年人，法律援助机构或者人民法院应当给予帮助，依法为其提供法律援助或者司法救助。

第五十二条 人民法院审理继承案件，应当依法保护未成年人的继承权和受遗赠权。

人民法院审理离婚案件，涉及未成年子女抚养问题的，应当听取有表达意愿能力的未成年子女的意见，根据保障子女权益的原则和双方具体情况依法处理。

第五十三条 父母或者其他监护人不履行监护职责或者侵害被监护的未成年人的合法权益，经教育不改的，人民法院可以根据有关人员或者有关单位的申请，撤销其监护人的资格，依法另行指定监护人。被撤销监护资格的父母应当依法继续负担抚养费用。

第五十四条 对违法犯罪的未成年人，实行教育、感化、挽救的方针，坚持教育为主、惩罚为辅的原则。

对违法犯罪的未成年人，应当依法从轻、减轻或者免除处罚。

第五十五条 公安机关、人民检察院、人民法院办理未成年人犯罪案件和涉及未成年人权益保护案件，应当照顾未成年人身心发展特点，尊重他们的人格尊严，保障他们的合法权益，并根据需要设立专门机构或者指定专人办理。

第五十六条 讯问、审判未成年犯罪嫌疑人、被告人，询问未成年证人、被害人，应当依照刑事诉讼法的规定通知其法定代理人或者其他人员到场。

公安机关、人民检察院、人民法院办理未成年人遭受性侵害的刑事案件，应当保护被害人的名誉。

第五十七条 对羁押、服刑的未成年人，应当与成年人分别关押。

羁押、服刑的未成年人没有完成义务教育的，应当对其进行义务教育。

解除羁押、服刑期满的未成年人的复学、升学、就业不受歧视。

第五十八条 对未成年人犯罪案件，新闻报道、影视节目、公开出版物、网络等不得披露该未成年人的姓名、住所、照片、图像以及可能推断出该未成年人的资料。

第五十九条 对未成年人严重不良行为的矫治与犯罪行为的预防，依照预防未成年人犯罪法的规定执行。

第六章 法律责任

第六十条 违反本法规定，侵害未成年人的合法权益，其他法律、法规已规定行政处罚的，从其规定；造成人身财产损失或者其他损害的，依法承担民事责任；构成犯罪的，依法追究刑事责任。

第六十一条 国家机关及其工作人员不依法履行保护未成年人合法权益的责任，或者侵害未成年人合法权益，或者对提出申诉、控告、检举的人进行打击报复的，由其所在单位或者上级机关责令改正，对直接负责的主管人员和其他直接责任人员依法给予行政处分。

第六十二条 父母或者其他监护人不依法履行监护职责，或者侵害未成年人合法权益的，由其所在单位或者居民委员会、村民委员会予以劝诫、制止；构成违反治安管理行为的，由公安机关依法给予行政处罚。

第六十三条 学校、幼儿园、托儿所侵害未成年人合法权益的，由教育行政部门或者其他有关部门责令改正；情节严重的，对直接负责的主管人员和其他直接责任人员依法给予处分。

学校、幼儿园、托儿所教职员工对未成年人实施体罚、变相体罚或者其他侮辱人格行为的，由其所在单位或者上级机关责令改正；情节严重的，依法给予处分。

第六十四条 制作或者向未成年人出售、出租或者以其他方式传播淫秽、暴力、凶杀、恐怖、赌博等图书、报刊、音像制品、电子出版物以及网络信息等的，由主管部门责令改正，依法给予行政处罚。

第六十五条 生产、销售用于未成年人的食品、药品、玩具、用具和游乐设施不符合国家标准或者行业标准，或者没有在显著位置标明注意事项的，由主管部门责令改正，依法给予行政处罚。

第六十六条 在中小学校园周边设置营业性歌舞娱乐场所、互联网上网服务营业场所等不适宜未成年人活动的场所的，由主管部门予以关闭，依法给予行政处罚。

营业性歌舞娱乐场所、互联网上网服务营业场所等不适宜未成年人活动的场所允许未成年人进入，或者没有在显著位置设置未成年人禁入标志的，由主管部门责令改正，依法给予行政处罚。

第六十七条 向未成年人出售烟酒，或者没有在显著位置设置不向未成年人出售烟酒标志的，由主管部门责令改正，依法给予行政处罚。

第六十八条 非法招用未满十六周岁的未成年人，或者招用已满十六周岁的未成年人从事过重、有毒、有害等危害未成年人身心健康的劳动或者危险作业的，由劳动保障部门责令改正，处以罚款；情节严重的，由工商行政管理部门吊销营业执照。

第六十九条 侵犯未成年人隐私，构成违反治安管理行为的，由公安机关依法给予行政处罚。

第七十条 未成年人救助机构、儿童福利机构及其工作人员不依法履行对未成年人的救助保护职责，或者虐待、歧视未成年人，或者在办理收留抚养工作中牟取利益的，由主管部门责令改正，依法给予行政处分。

第七十一条 胁迫、诱骗、利用未成年人乞讨或者组织未成年人进行有害其身心健康的表演等活动的，由公安机关依法给予行政处罚。

第七章 附 则

第七十二条 本法自 2007 年 6 月 1 日起施行。

附 录

最高人民法院关于学习宣传贯彻
《中华人民共和国未成年人保护法》的通知

法（研）发〔1991〕44号

各省、自治区、直辖市高级人民法院，解放军军事法院：

《中华人民共和国未成年人保护法》（以下简称《未成年人保护法》）已由第七届全国人民代表大会常务委员会第二十一次会议通过，将于1992年1月1日起正式施行。《未成年人保护法》的颁布，为占我国人口三分之一以上的未成年人的健康成长，提供了全面、系统的法律保障。这是我国社会主义民主与法制建设的一件大事。

新中国成立以后，在党和国家的关怀下，经过全社会的共同努力，培养和保护未成年人的工作取得了一定成效。但是，由于各种复杂的原因，未成年人身心健康和合法权益受到侵害的现象还时有发生，未成年人自身违法犯罪问题也日趋严重，人民法院是国家的审判机关，保护宪法和法律规定的未成年人的各项基本权利，是人民法院的重要职责。人民法院依照《未成年人保护法》和其他法律的有关规定，运用审判职能，严厉打击侵害未成年人身心健康的犯罪活动，保障未成年人的合法权益，优化未成年人成长的环境；惩治、教育、挽救失足的未成年人，以及预防未成年人违法犯罪等，都具有十分重要的作用。为了更好地学习、宣传和贯彻执行《未成年人保护法》，特作如下通知：

一、各级人民法院要组织全体干警认真学习《未成年人保护法》，提高对贯彻《未成年人保护法》的重要意义的认识，深刻领会保护未成年人工作的指导思想和基本原则，并结合审判工作，进一步增强贯彻执行《未成年人保护法》的自觉性。

二、在少年刑事审判工作中，应当继续贯彻全国少年刑事审判工作会议和全国法院参与社会治安综合治理工作会议的精神，认真执行最高人民法院《关于办理少年刑事案件的若干规定（试行）》，最高人民法院与有关部门联合下发的《关于办理少年刑事案件建立互相配套工作体系的通知》、《关于审理少年刑事案件聘请特邀陪审员的联合通知》等文件，积极开展少年刑事审判工作。尚未建立少年法庭的，明年一月要抓紧建立起来，做到未成年人刑事案件全部由少年法庭审理；已建立的少年法庭要巩固已经开创的工作局面，并抓紧对少年法庭的审判人员进行业务培训，特别是对少年法庭聘请的特邀陪审员要进行必要的培训，以适应全面开展少年法庭工作的需要。各级人民法院应严格依照《关于办理少年刑事案件的若干规定（试行）》的规定办理未成年人刑事案件，扎扎实实做好寓教于审、惩教结合的工作，防止形式主义、走过场；要注意研究新情况、新问题，大胆尝试，不断探索，使已有的规定不断完善。在审理未成年人刑事案件中，还应注意围绕对未成年被告人如何适用刑法规定，掌握从轻、减轻幅度等问题，进行调查研究，不断总结经验。各级人民法院要积极主动地与公安、检察以及司法行政部门联系，建立起互相配套的工作体系，使《未成年人保护法》第四十条、第四十一条的规定得以贯彻落实，切实发挥政法部门的整体工作优势，取得矫治、改造未成年罪犯的最佳效果。各级人民法院还应依照《未成年人保护法》的规定，在聘请特邀陪审员、未成年罪犯的就业就学、未成年罪犯的帮教与改造等方面，加强与工会、共青团、妇联、教育等部门的协作配合，积极参与社会治安综合治理，使全社会都来关心、挽救失足的未成年人。

三、在民事、行政、经济等各项审判活动中，应当依法保障和维护未成年人的合法权益。对于继承案件的审理，要依据《继承法》的规定，注意保护未成年人的财产继承权；对于离婚、抚养、收养以及确认监护人等案件的审理，要依照《婚姻法》的规定，从有利于保护未成年子女身心健康成长出发作出裁决；对于侵犯未成年人的人身、财产、智力成果权利等民事侵权案件的审理，要依照《民法通则》、《民事诉讼法》的规定，切实保障未成年人的合法权益；对于未成年人不服行政机关作出的行政处罚决定，向人民法院提起行政诉讼的案件，应依照《行政诉讼法》和有关法律、法规，依法保护未成年人的诉讼权利和其他合法权益；对于涉及未成年人的专利纠纷案件，要重视对未成年人正当权益的保护。

四、对于那些以未成年人为犯罪对象，传授犯罪方法，传播淫秽物品，引诱、教唆、欺骗或者强迫未成年人吸食、注射毒品，拐卖、绑架儿童，收买被拐卖、绑架的儿童，强迫、引诱不满十四岁的幼女卖淫，以及其他引诱、教唆未成年人的犯罪分子，必须依法严厉打击，从重判处；对于侵犯未成年人人身权利或者其他合法权利的犯罪案件，虐待、遗弃未成年人构成犯罪的案件等，应当依法追究刑事责任。

五、要结合办案，积极配合有关部门，通过新闻媒介和各种形式，大力宣传《未成年人保护法》，扩大办案的社会效果，以增强广大人民群众和社会各界保护未成年人合法权益的法制观念，取得社会对人民法院的少年法庭以及其他各项保护未成年人的审判工作的理解和支持，使这一工作做得更好。

以上通知，望认真执行。执行中有什么问题，请及时报告我院。

最高人民法院
1991 年 12 月 24 日

关于做好预防少年儿童遭受性侵工作的意见

教基一〔2013〕8号

各省、自治区、直辖市教育厅（教委）、公安厅（局）、团委、妇联，新疆生产建设兵团教育局、公安局、团委、妇联：

近年来，在党中央、国务院的正确领导下，在各级党委政府及教育、公安、共青团、妇联等有关部门的共同努力下，少年儿童保护工作取得积极进展，少年儿童安全事故数量和非正常死亡人数逐年下降。但是，少年儿童保护工作也出现了一些新情况、新问题，亟待加以研究解决，如寄宿制学校增多导致学校日常安全管理难度加大，留守儿童由于缺乏父母监管容易出现安全问题，社会不良风气影响少年儿童身心发展，特别是今年以来媒体集中曝光的个别地方出现的少年儿童被性侵犯案件，引发社会各界高度关注。为切实预防性侵犯少年儿童案件的发生，进一步加强少年儿童保护工作，确保教育系统和谐稳定，现提出以下意见。

一、科学做好预防性侵犯教育

各地教育部门、共青团、妇联组织要通过课堂教学、讲座、班队会、主题活动、编发手册等多种形式开展性知识教育、预防性侵犯教育，提高师生、家长对性侵犯犯罪的认识。广泛宣传"家长保护儿童须知"及"儿童保护须知"，教育学生特别是女学生提高自我保护意识和能力，了解预防性侵犯的知识，知晓什么是性侵犯，遭遇性侵犯后如何寻求他人帮助。教育学生特别是女学生提高警觉，外出时尽量结伴而行，离家时一定要告诉父母返回时间、和谁在一起、联系方式等，牢记父母电话及报警电话。要运用各类媒体普及有关知识，有条件的地方可设立学生保护热线和网站。

二、定期开展隐患摸底排查

各地教育部门要定期组织力量对中小学校进行拉网式排查，全面检查学校日常安全管理制度是否存在漏洞，重点检查教职工、学生是否有异常情况，特别是要关注班级内学生尤其是女学生有无学习成绩突然下滑、精神恍惚、无故旷课等异常表现及产生的原因。要加强对边远地区、山区学校、教学点的排查，切实做到县不漏校，校不漏人。对排查中发现的安全隐患要及时整改，发现的性侵犯事件线索和苗头要认真核实，涉及违法犯罪的要及时报警并报告上级部门。

三、全面落实日常管理制度

各地教育部门要坚持"谁主管、谁负责，谁开办、谁负责"的原则，落实中小学校长作为校园内部安全管理和学生保护第一责任人的责任。要指导学校建立低年级学生上下学接送交接制度，不得将晚离校学生交与无关人员。健全学生请假、销假制度，严禁学生私自离校。加强人防、物防和技防建设，完善重点时段和关键部位的安全监管。严格落实值班、巡查制度，加强校园周边治安综合治理。严格实行外来人员、车辆登记制度和内部人员、车辆出入证制度。

四、从严管理女生宿舍条

各地教育部门和寄宿制学校要对所有女生宿舍实行"封闭式"管理，尚未实现"封闭式"管理的要抓紧时间改善宿舍条件。女生宿舍原则上应聘用女性管理人员。未经宿管人员许可，所有男性，包括老师和家长，一律不得进入女生宿舍。宿舍管理人员发现有可疑人员在女生宿舍周围游荡，要立即向学校报告并采取相应防范措施。学生临时有事离校回家必须向学校请假并电话告知家长，经宿舍管理人员同意并登记后方可离校。做好学生夜间点名工作，发现有无故夜不归宿者要及时报告。

五、切实加强教职员工管理

各地教育部门要把好入口关，落实对校长、教师和职工从业资格有关规定，加强对临时聘用人员的准入资质审查，坚决清理和杜绝不合格人员进入学校工作岗位，严禁聘用受到剥夺政治权利或者故意犯罪受到刑事处罚人员、有精神病史人员担任教职员工。要将师德教育、法制教育纳入教职员工培训内容及考核范围，加强考核和评价，落实管理职责。要加强对教职员工的品行考核，对品行不良、侮辱学生、影响恶劣的，由县级以上教育行政部门撤销其教师资格。要关注教职员工队伍心理状况及工作状况，加强心理辅导，防止个别教职员工出现极端心理问题，及时预防个别教职员工出现的不良行为。

六、密切保持家校联系

各地教育部门、妇联组织要通过开展家访、召开家长会、举办家长学校等方式，提醒家长尽量多安排时间和孩子相处交流，切实履行对孩子的监护责任，特别要做好学生离校后的监管看护教育工作。要让家长了解必要的性知识和预防性侵犯知识，并通过适当方式向孩子进行讲解。学校要同家庭随时保持联系，特别要关注留守儿童家庭，及时掌握孩子情况，特别是发现孩子有异常表现时，家校双方要及时沟通，深入了解孩子表现情况，共同分析异常原因，及时采取应对措施。学校家长委员会、家长学校要与社区家长学校密切联系，构筑学校、家庭、社区有效衔接的保护网络。

七、妥善处置中小学生性侵犯事件

各地教育部门要建立中小学生性侵犯案件及时报告制度，

一旦发现学生在学校内遭受性侵犯，学校或家长要立即报警并彼此告知，同时学校要及时向上级教育主管部门报告，报告时相关人员有义务保护未成年人合法权益，严格保护学生隐私，防止泄露有关学生个人及其家庭的信息，避免再次伤害。教育部门和学校要与共青团、妇联、家庭和医院等积极配合，向被性侵犯的学生及其家人提供帮助，及时开展相应的心理辅导和家庭支持，帮助他们尽快走出心理阴影。被性侵犯的学生有转学需求的，教育部门和学校应予以安排。对性侵学生者，各地要依法严惩，决不姑息。

八、努力营造良好社会环境和舆论氛围

各地教育部门、公安机关要分析学校及周边安全形势，掌握治安乱点和突出问题，大力整治学校及周边安全隐患。各地公安机关要重点排查民办学校、城乡结合部学校、寄宿制学校内部及周边的安全隐患，严厉打击对少年儿童性侵犯的违法犯罪活动。要加强校园周边巡逻防控，防止发生社会人员性侵犯在校女学生案件。各地教育部门要协调有关部门进一步加强对学生保护工作的正面宣传引导，防止媒体过度渲染报道性侵犯学生案件，营造全社会共同关心、关爱学生健康成长的良好氛围。

九、积极构建长效机制

各地教育部门要将预防性侵犯教育作为安全教育的重要内容，在开学后、放假前等重点时段集中开展，纳入对新上岗教职工和新入学学生的培训教育中。共青团组织要将预防性侵犯教育作为青少年自护教育活动的重要方面，依托各地12355青少年服务台，开设自护教育热线，组织专业社工、公益律师、志愿者开展有针对性的自护教育、心理辅导和法律咨询。妇联组织要将预防性侵犯教育纳入女童尤其是农村留守流动女童家庭教育指导服务重点内容，维护女童合法权益。要加强协同配合，努力构建教育、公安、共青团、妇联、家庭、社会六位一体的保护中小学生工作机制，做到安全监管全覆盖。

教育部　公安部

共青团中央 全国妇联

2013 年 9 月 3 日

关于依法惩治性侵害未成年人犯罪的意见

最高人民法院　最高人民检察院　公安部　司法部印发
《关于依法惩治性侵害未成年人犯罪的意见》的通知
法发〔2013〕12 号

各省、自治区、直辖市高级人民法院、人民检察院、
公安厅（局）、司法厅（局），解放军军事法院、军事
检察院，新疆维吾尔自治区高级人民法院生产建设兵
团分院，新疆生产建设兵团人民检察院、公安局、司
法局：

　　为依法惩治性侵害未成年人犯罪，加大对未成
年人合法权益的司法保护，现将《最高人民法院、
最高人民检察院、公安部、司法部关于依法惩治性
侵害未成年人犯罪的意见》印发给你们，请认真贯
彻执行。

最高人民法院

最高人民检察院

中华人民共和国公安部

中华人民共和国司法部

2013 年 10 月 23 日

　　为依法惩治性侵害未成年人犯罪，保护未成年人合法权益，
根据刑法、刑事诉讼法和未成年人保护法等法律和司法解释的
规定，结合司法实践经验，制定本意见。

一、基本要求

1. 本意见所称性侵害未成年人犯罪，包括刑法第二百三十六条、第二百三十七条、第三百五十八条、第三百五十九条、第三百六十条第二款规定的针对未成年人实施的强奸罪，强制猥亵、侮辱妇女罪，猥亵儿童罪，组织卖淫罪，强迫卖淫罪，引诱、容留、介绍卖淫罪，引诱幼女卖淫罪，嫖宿幼女罪等。

2. 对于性侵害未成年人犯罪，应当依法从严惩治。

3. 办理性侵害未成年人犯罪案件，应当充分考虑未成年被害人身心发育尚未成熟、易受伤害等特点，贯彻特殊、优先保护原则，切实保障未成年人的合法权益。

4. 对于未成年人实施性侵害未成年人犯罪的，应当坚持双向保护原则，在依法保护未成年被害人的合法权益时，也要依法保护未成年犯罪嫌疑人、未成年被告人的合法权益。

5. 办理性侵害未成年人犯罪案件，对于涉及未成年被害人、未成年犯罪嫌疑人和未成年被告人的身份信息及可能推断出其身份信息的资料和涉及性侵害的细节等内容，审判人员、检察人员、侦查人员、律师及其他诉讼参与人应当予以保密。

对外公开的诉讼文书，不得披露未成年被害人的身份信息及可能推断出其身份信息的其他资料，对性侵害的事实注意以适当的方式叙述。

6. 性侵害未成年人犯罪案件，应当由熟悉未成年人身心特点的审判人员、检察人员、侦查人员办理，未成年被害人系女性的，应当有女性工作人员参与。

人民法院、人民检察院、公安机关设有办理未成年人刑事案件专门工作机构或者专门工作小组的，可以优先由专门工作机构或者专门工作小组办理性侵害未成年人犯罪案件。

7. 各级人民法院、人民检察院、公安机关和司法行政机关应当加强与民政、教育、妇联、共青团等部门及未成年人保护组织的联系和协作，共同做好性侵害未成年人犯罪预防和未成年被害人的心理安抚、疏导工作，从有利于未成年人身心健康的角度，对其给予必要的帮助。

8. 上级人民法院、人民检察院、公安机关和司法行政机关应当加强对下指导和业务培训。各级人民法院、人民检察院、公安机关和司法行政机关要增强对未成年人予以特殊、优先保护的司法理念，完善工作机制，提高办案能力和水平。

二、办案程序要求

9. 对未成年人负有监护、教育、训练、救助、看护、医疗等特殊职责的人员（以下简称负有特殊职责的人员）以及其他公民和单位，发现未成年人受到性侵害的，有权利也有义务向公安机关、人民检察院、人民法院报案或者举报。

10. 公安机关接到未成年人被性侵害的报案、控告、举报，应当及时受理，迅速进行审查。经审查，符合立案条件的，应当立即立案侦查。

公安机关发现可能有未成年人被性侵害或者接报相关线索的，无论案件是否属于本单位管辖，都应当及时采取制止违法犯罪行为、保护被害人、保护现场等紧急措施，必要时，应当通报有关部门对被害人予以临时安置、救助。

11. 人民检察院认为公安机关应当立案侦查而不立案侦查的，或者被害人及其法定代理人、对未成年人负有特殊职责的人员据此向人民检察院提出异议的，人民检察院应当要求公安机关说明不立案的理由。人民检察院认为不立案理由不成立的，应当通知公安机关立案，公安机关接到通知后应当立案。

12. 公安机关侦查未成年人被性侵害案件，应当依照法定程序，及时、全面收集固定证据。及时对性侵害犯罪现场进行勘查，对未成年被害人、犯罪嫌疑人进行人身检查，提取体液、毛发、被害人和犯罪嫌疑人指甲内的残留物等生物样本，指纹、足迹、鞋印等痕迹，衣物、纽扣等物品；及时提取住宿登记表等书证，现场监控录像等视听资料；及时收集被害人陈述、证人证言和犯罪嫌疑人供述等证据。

13. 办案人员到未成年被害人及其亲属、未成年证人所在学校、单位、居住地调查取证的，应当避免驾驶警车、穿着制服或者采取其他可能暴露被害人身份、影响被害人名誉、隐私的方式。

14. 询问未成年被害人，审判人员、检察人员、侦查人员和律师应当坚持不伤害原则，选择未成年人住所或者其他让未成年人心理上感到安全的场所进行，并通知其法定代理人到场。无法通知、法定代理人不能到场或者法定代理人是性侵害犯罪嫌疑人、被告人的，也可以通知未成年被害人的其他成年亲属或者所在学校、居住地基层组织、未成年人保护组织的代表等有关人员到场，并将相关情况记录在案。

询问未成年被害人，应当考虑其身心特点，采取和缓的方式进行。对与性侵害犯罪有关的事实应当进行全面询问，以一次询问为原则，尽可能避免反复询问。

15. 人民法院、人民检察院办理性侵害未成年人案件，应当及时告知未成年被害人及其法定代理人或者近亲属有权委托诉讼代理人，并告知其如果经济困难，可以向法律援助机构申请法律援助。对需要申请法律援助的，应当帮助其申请法律援助。法律援助机构应当及时指派熟悉未成年人身心特点的律师为其提供法律帮助。

16. 人民法院、人民检察院、公安机关办理性侵害未成年人犯罪案件，除有碍案件办理的情形外，应当将案件进展情况、案件处理结果及时告知被害人及其法定代理人，并对有关情况予以说明。

17. 人民法院确定性侵害未成年人犯罪案件开庭日期后，应当将开庭的时间、地点通知未成年被害人及其法定代理人。未成年被害人的法定代理人可以陪同或者代表未成年被害人参加法庭审理，陈述意见，法定代理人是性侵害犯罪被告人的除外。

18. 人民法院开庭审理性侵害未成年人犯罪案件，未成年被害人、证人确有必要出庭的，应当根据案件情况采取不暴露外貌、真实声音等保护措施。有条件的，可以采取视频等方式播放未成年人的陈述、证言，播放视频亦应采取保护措施。

三、准确适用法律

19. 知道或者应当知道对方是不满十四周岁的幼女，而实施奸淫等性侵害行为的，应当认定行为人"明知"对方是幼女。

对于不满十二周岁的被害人实施奸淫等性侵害行为的，应当认定行为人"明知"对方是幼女。

对于已满十二周岁不满十四周岁的被害人，从其身体发育状况、言谈举止、衣着特征、生活作息规律等观察可能是幼女，而实施奸淫等性侵害行为的，应当认定行为人"明知"对方是幼女。

20. 以金钱财物等方式引诱幼女与自己发生性关系的；知道或者应当知道幼女被他人强迫卖淫而仍与其发生性关系的，均以强奸罪论处。

21. 对幼女负有特殊职责的人员与幼女发生性关系的，以强奸罪论处。

对已满十四周岁的未成年女性负有特殊职责的人员，利用其优势地位或者被害人孤立无援的境地，迫使未成年被害人就范，而与其发生性关系的，以强奸罪定罪处罚。

22. 实施猥亵儿童犯罪，造成儿童轻伤以上后果，同时符合刑法第二百三十四条或者第二百三十二条的规定，构成故意伤害罪、故意杀人罪的，依照处罚较重的规定定罪处罚。

对已满十四周岁的未成年男性实施猥亵，造成被害人轻伤以上后果，符合刑法第二百三十四条或者第二百三十二条规定的，以故意伤害罪或者故意杀人罪定罪处罚。

23. 在校园、游泳馆、儿童游乐场等公共场所对未成年人实施强奸、猥亵犯罪，只要有其他多人在场，不论在场人员是否实际看到，均可以依照刑法第二百三十六条第三款、第二百三十七条的规定，认定为在公共场所"当众"强奸妇女，强制猥亵、侮辱妇女，猥亵儿童。

24. 介绍、帮助他人奸淫幼女、猥亵儿童的，以强奸罪、猥亵儿童罪的共犯论处。

25. 针对未成年人实施强奸、猥亵犯罪的，应当从重处罚，具有下列情形之一的，更要依法从严惩处：

（1）对未成年人负有特殊职责的人员、与未成年人有共同家庭生活关系的人员、国家工作人员或者冒充国家工作人员，实施强奸、猥亵犯罪的；

（2）进入未成年人住所、学生集体宿舍实施强奸、猥亵犯罪的；

（3）采取暴力、胁迫、麻醉等强制手段实施奸淫幼女、猥亵儿童犯罪的；

（4）对不满十二周岁的儿童、农村留守儿童、严重残疾或者精神智力发育迟滞的未成年人，实施强奸、猥亵犯罪的；

（5）猥亵多名未成年人，或者多次实施强奸、猥亵犯罪的；

（6）造成未成年被害人轻伤、怀孕、感染性病等后果的；

（7）有强奸、猥亵犯罪前科劣迹的。

26. 组织、强迫、引诱、容留、介绍未成年人卖淫构成犯罪的，应当从重处罚。强迫幼女卖淫、引诱幼女卖淫的，应当分别按照刑法第三百五十八条第一款第（二）项、第三百五十九条第二款的规定定罪处罚。

对未成年人负有特殊职责的人员、与未成年人有共同家庭生活关系的人员、国家工作人员，实施组织、强迫、引诱、容留、介绍未成年人卖淫等性侵害犯罪的，更要依法从严惩处。

27. 已满十四周岁不满十六周岁的人偶尔与幼女发生性关系，情节轻微、未造成严重后果的，不认为是犯罪。

四、其他事项

28. 对于强奸未成年人的成年犯罪分子判处刑罚时，一般不适用缓刑。

对于性侵害未成年人的犯罪分子确定是否适用缓刑，人民法院、人民检察院可以委托犯罪分子居住地的社区矫正机构，就对其宣告缓刑对所居住社区是否有重大不良影响进行调查。受委托的社区矫正机构应当及时组织调查，在规定的期限内将调查评估意见提交委托机关。

对于判处刑罚同时宣告缓刑的，可以根据犯罪情况，同时宣告禁止令，禁止犯罪分子在缓刑考验期内从事与未成年人有关的工作、活动，禁止其进入中小学校区、幼儿园园区及其他未成年人集中的场所，确因本人就学、居住等原因，经执行机关批准的除外。

29. 外国人在我国领域内实施强奸、猥亵未成年人等犯罪的，应当依法判处，在判处刑罚时，可以独立适用或者附加适用驱逐出境。对于尚不构成犯罪但构成违反治安管理行为的，或者因实施性侵害未成年人犯罪不适宜在中国境内继续停留居留的，公安机关可以依法适用限期出境或者驱逐出境。

30. 对于判决已生效的强奸、猥亵未成年人犯罪案件，人民法院在依法保护被害人隐私的前提下，可以在互联网公布相关裁判文书，未成年人犯罪的除外。

31. 对于未成年人因被性侵害而造成的人身损害，为进行康复治疗所支付的医疗费、护理费、交通费、误工费等合理费用，未成年被害人及其法定代理人、近亲属提出赔偿请求的，人民法院依法予以支持。

32. 未成年人在幼儿园、学校或者其他教育机构学习、生活期间被性侵害而造成人身损害，被害人及其法定代理人、近亲属据此向人民法院起诉要求上述单位承担赔偿责任的，人民法院依法予以支持。

33. 未成年人受到监护人性侵害，其他具有监护资格的人员、民政部门等有关单位和组织向人民法院提出申请，要求撤销监护人资格，另行指定监护人的，人民法院依法予以支持。

34. 对未成年被害人因性侵害犯罪而造成人身损害，不能及时获得有效赔偿，生活困难的，各级人民法院、人民检察院、公安机关可会同有关部门，优先考虑予以司法救助。

关于加强儿童青少年近视防控工作的指导意见

国卫办妇幼发〔2016〕43号

各省、自治区、直辖市卫生计生委、教育厅（教委）、体育局，新疆生产建设兵团卫生局、教育局、体育局：

为有效控制我国儿童青少年近视发病率，提高儿童青少年视力健康水平，现就加强儿童青少年近视防控工作提出如下指导意见。

一、加强宣传教育，增强健康用眼意识

宣传教育是预防儿童青少年近视发生的首要环节。各地要充分利用各种传播媒体，开展多层次、多角度的宣传教育，全面普及儿童青少年近视防控和健康用眼知识，营造全社会关心、重视儿童青少年近视防控的良好氛围。各地卫生计生部门要制订科学规范的近视防控指南，及时发布权威近视防控知识，鼓励广大医务人员充分发挥专业优势，积极开展近视防控健康教育和科学知识普及。要联合教育部门做好每年全国"爱眼日"主题宣传活动，并组织医务人员深入托幼机构、中小学校指导开展近视防控宣传教育。各地教育部门要发挥学校主阵地作用，落实每学期至少1次视力健康教育活动，利用广播、宣传栏、家长会、家长信等多种形式，对学生和家长进行用眼健康知识教育，争取家长对学生视力保护工作的支持和配合。鼓励和倡导学生经常参加户外活动，积极参加体育锻炼特别是乒乓球、羽毛球等有益于眼肌锻炼的体育活动，保持正确的读写姿势，减少近距离长时间用眼，减少使用电子视频产品，保证充足睡眠和均衡营养。通过广泛宣传，使科学用眼知识进学校、进社区、进家庭，使儿童及家长不断增强健康用眼意识。

二、注重早期发现，采取有效干预措施

基层医疗卫生机构要按照《儿童眼及视力保健技术规范》和《国家基本公共卫生服务规范》要求，做好国家基本公共卫生服务项目中3—6岁儿童视力检查工作，做到早发现、早干预。托幼机构要按照《托儿所幼儿园卫生保健管理办法》要求，定期为幼儿检查视力，发现视力异常的幼儿，及时告知家长到医疗机构做进一步诊治。各中小学校要按照《中小学学生近视眼防控工作方案》（以下简称《防控工作方案》）要求，建立视力定期监测制度，定期检查视力。对有视力下降趋势和轻度近视的学生进行分档管理，有针对性地实施相关措施。卫生计生部门要在教育部门的配合下做好托幼机构、中小学校视力筛查工作，提供专业技术服务与指导。探索建立儿童青少年屈光发育档案，对儿童青少年进行屈光筛查，早期筛查出屈光不正等异常或可疑眼病，早期发现近视的倾向或趋势，制订跟踪干预措施，尽最大努力减少近视特别是高度近视。

三、实施科学教育，营造良好用眼环境

托幼机构要按照《托儿所幼儿园卫生保健管理办法》及《3—6岁儿童学习与发展指南》要求，科学安排一日生活，均衡营养膳食，保证户外活动，注重用眼卫生，保护学龄前儿童视力。各中小学校要按照《防控工作方案》要求，保障各项教学设施和条件（教室、寝室的采光与照明、课桌椅配备、黑板等）符合国家相关文件和标准要求，为学生提供符合用眼卫生要求的学习环境。制订科学的作息制度，按照静动结合、视近与视远交替的原则合理安排课程与活动。建立健全眼保健操制度，将每天两次眼保健操时间纳入课表，组织学生认真做好眼保健操。确保学生校内每天体育活动时间不小于1小时，督促学生课间时间参加户外活动。要切实减轻学生课业负担，不随意增加教学学时，不占用节假日、双休日和寒暑假时间组织学生上课，统筹安排好学生的家庭作业时间。

四、加强人才培养，提供优质保健服务

各地卫生计生部门要根据"十三五"全国眼健康规划要求，将眼保健服务纳入医疗服务体系整体发展中，完善服务体系，提高服务能力。加强儿童青少年视力保护科学研究，

为近视防控提供科学有效的技术和方法，同时充分发挥中医医疗预防保健的特色和优势，运用中医适宜技术做好儿童青少年眼保健工作。加强基层眼科医师、眼保健医生、儿童保健医生培训，提高视力筛查、常见眼病诊治和急诊处置能力。注重视光师培养，确保每个县（市、区）均有合格的视光专业人员提供规范的服务，并根据儿童青少年近视进展情况，选择科学合理的矫正方法。各地教育部门要在卫生计生部门的指导下，定期组织对分管领导、校长、班主任、校医（保健老师）、家长进行培训，增强责任意识，传授近视防控方法，提高校内眼保健服务水平。

五、加强组织领导，建立综合防控机制

各地卫生计生与教育部门要密切合作，建立共同推进儿童青少年近视防控工作机制，将儿童青少年近视防控工作纳入相关卫生、教育发展规划和重要议事日程，组建省级儿童青少年近视防控工作专家队伍，制订工作方案，明确工作任务。有条件的地方要积极开展儿童青少年近视综合防控试点工作，探索建立融合健康教育、监测预警、综合干预、跟踪管理等内容的长效防控机制，以点带面，推进工作全面开

展。同时，要建立科学有效的监督评估机制，将儿童青少年近视防控工作纳入学校素质教育和基本公共卫生服务的综合考核指标，适时组织专项督导检查，及时发现问题，确保各项工作措施落实到位。

国家卫生计生委办公厅
中华人民共和国教育部办公厅
国家体育总局办公厅
2016 年 10 月 19 日

关于实施青少年健康人格工程的通知

人口宣教〔2010〕71号

各省、自治区、直辖市人口计生委、教育厅（局）、扶贫开发协会、科学技术协会、计划生育协会：

为加强和改进青少年思想道德建设，促使其具备适应现代社会发展的良好心理素质、行为习惯和健康人格，形成有利于青少年健康成长的社会环境，拟在全国逐步实施青少年健康人格工程，并将其纳入提高人口素质、青少年儿童思想品德教育、科学知识普及、家庭文化建设和生育关怀的重要内容。

一、充分认识实施青少年健康人格工程的重要意义

青少年健康人格工程是旨在帮助青少年儿童解除成长中的困惑，培养良好品德情操、心理素质、行为习惯和社会适应能力，提高综合素质的一项社会性文化育人工程。重点包括青少年儿童心理疏导、性健康教育、行为养成、人格塑造和家庭文化建设。实施这项工程，对于加强和改进未成年人思想道德建设，建设青少年的精神家园，深入推进素质教育，帮助青少年学生缓解学习和精神压力，从容应对自身生理和心理变化，适应激烈社会竞争，更快乐、更有效率地学习，更健康地成长，具有重要意义。

各级相关部门和机构要从落实科学发展观，构建社会主义和谐社会，推动家庭文明和社会文明，促进人的全面发展，促进人口大国向人力资源强国转变的高度，充分认识实施青少年健康人格工程的重大意义，把它作为一项利国兴邦、造福家庭、惠及后代的基础性工程切实抓紧抓好，抓出成效。

二、动员全社会广泛参与，稳步实施

青少年健康人格工程主要依托社区文化阵地、青少年科技教育基地、人口和计划生育宣传服务机构、计划生育协会工作网络、"青苹果之家"和广大家庭，重点在大、中小学生及其家长中实施。

青少年健康人格工程遵循政府主导、社会参与、课外为主、公益运行的原则，在各级党委政府领导下，由相关部门制定规划、政策和运行规则，规范教育内容，建立统一协调的专家咨询服务网络。鼓励支持社区、学校、企业和家庭广泛参与，校园、社区、家庭互动。充分利用社会资源建设"青苹果之家"教育咨询服务机构，在社区文化中心或基层人口和计划生育服务机构建立咨询服务网点。依托人口宣传服务网络、计划生育协会工作网络和青少年活动阵地，借助"家庭人口文化建设"、"家庭互助互学和亲子读书活动"、"青少年假期社会实践"、"主题故事报告会"、"专家名师进校园"及全国咨询服务网，将心理疏导、行为养成、性健康、人格塑造等内容渗透到亿万家庭。

青少年健康人格工程首先在条件具备的部分省市试点，取得经验后逐步推广。其目标是：从2010年到2014年，在部分省市及城市社区建立规范的"青苹果之家"咨询服务网络；在各级广播电视台开设讲座或专题节目；制作出版发行科普读物和音像产品；建立为青少年儿童乐于接受的教育方法和模式。在此基础上再用5年时间，借助新媒体和远程教育平台，把教育传播内容普及到农村社区，建立专业化的咨询服务队伍和评估体系。通过实施此项工程，促进广大青少年儿童增强爱国情感，确立远大志向，具备优秀品格，养成良好的心理素质和行为习惯；了解性健康知识，从容面对青春期的生理心理问题；大幅度降低心理疾病发生率和未成年人犯罪率，减少因不科学的性意识和性行为带来的身心伤害，提高综合素质。

三、加强组织协调，力求实效

由国家人口计生委牵头，成立由教育部、中国扶贫开发协会、中国科学技术协会、中国计划生育协会等部门参与的协调小组，负责青少年健康人格工程的组织协调。试点地区也要成立相应的协调机构，开展调查研究，制定规划、政策和措施，协调各方资源，确保在党委政府领导下规范、有序、有效实施。

各级人口计生部门要把实施青少年健康人格工程作为统筹解决人口问题，提升人口素质，增强家庭发展能力的一个重要抓手，会同相关部门积极推进青少年儿童心理疏导、行为养成、性健康教育、人格塑造和家庭人口文化建设，由此带动国民整体素质的提高。以独生子女、留守儿童和家长为重点，有针对性地加强教育引导和咨询服务。把实施此项工程与出生缺陷干预、对育龄人群的优质服务、生育关怀、婴幼儿早期教育、新型家庭人口文化建设等紧密结合，完善生命全周期服务模式。利用人口计生系统服务网络优势，依托各级宣传服务机构、人口学校、"青苹果之家"和协会志愿者队伍为青少年儿童提供教育与咨询服务，在全社会倡导优生优育和健康人格。

教育、扶贫开发协会、科协、计生协等部门和社会团体要密切配合，发挥各自优势。教育部门要将心理疏导、性健康、行为养成和人格塑造纳入大、中小学德育的重要内容，加强心理咨询室建设和师资培养，指导推动校园课外活动。扶贫开发协会和计生协要动员广大妇女特别是母亲积极参与，不断深化家庭教育，维护青少年儿童在心理、性和生殖健康等方面的合法权益。科协要充分发挥科学家和科普工作者的作用，建立统一的专家咨询库，利用科学技术普及阵地和网络开展对青少年儿童的知识普及和咨询服务。

充分利用广播、电视、新闻报刊和门户网站等媒体，加强青少年儿童思想道德和健康人格教育，加强正面引导，扩大公益宣传，开设专题或栏目普及心理、性健康和健康人格的知识，推出适合青少年儿童健康成长的科普影视作品。

要保障经费投入，设立专项资金，用于青少年健康人格工程政府倡导的项目。多渠道、多形式开展教育咨询服务，推动公益性文化育人项目的开展。

切实加强对青少年健康人格工程的运行指导与监督评估，建立科学的检查评估机制，及时总结经验，发现问题，改进工作，完善管理和服务。

国家人口和计划生育委员会
中华人民共和国教育部
中国扶贫开发协会
中国科学技术协会
中国计划生育协会
二〇一〇年九月二十六日

家庭寄养管理办法

中华人民共和国民政部令

第 54 号

《家庭寄养管理办法》已经 2014 年 9 月 14 日民政部部务会议通过，现予公布，自 2014 年 12 月 1 日起施行。

民政部部长

2014 年 9 月 24 日

第一章　总　　则

第一条　为了规范家庭寄养工作，促进寄养儿童身心健康成长，根据《中华人民共和国未成年人保护法》和国家有关规定，制定本办法。

第二条　本办法所称家庭寄养，是指经过规定的程序，将民政部门监护的儿童委托在符合条件的家庭中养育的照料模式。

第三条　家庭寄养应当有利于寄养儿童的抚育、成长，保障寄养儿童的合法权益不受侵犯。

第四条　国务院民政部门负责全国家庭寄养监督管理工作。

县级以上地方人民政府民政部门负责本行政区域内家庭寄养监督管理工作。

第五条　县级以上地方人民政府民政部门设立的儿童福利机构负责家庭寄养工作的组织实施。

第六条　县级以上人民政府民政部门应当会同有关部门采取措施，鼓励、支持符合条件的家庭参与家庭寄养工作。

第二章　寄养条件

第七条　未满十八周岁、监护权在县级以上地方人民政府民政部门的孤儿、查找不到生父母的弃婴和儿童，可以被寄养。

需要长期依靠医疗康复、特殊教育等专业技术照料的重度残疾儿童，不宜安排家庭寄养。

第八条　寄养家庭应当同时具备下列条件：

（一）有儿童福利机构所在地的常住户口和固定住所。寄养儿童入住后，人均居住面积不低于当地人均居住水平；

（二）有稳定的经济收入，家庭成员人均收入在当地处于中等水平以上；

（三）家庭成员未患有传染病或者精神疾病，以及其他不利于寄养儿童抚育、成长的疾病；

（四）家庭成员无犯罪记录，无不良生活嗜好，关系和睦，与邻里关系融洽；

（五）主要照料人的年龄在三十周岁以上六十五周岁以下，身体健康，具有照料儿童的能力、经验，初中以上文化程度。

具有社会工作、医疗康复、心理健康、文化教育等专业知识的家庭和自愿无偿奉献爱心的家庭，同等条件下优先考虑。

第九条 每个寄养家庭寄养儿童的人数不得超过二人，且该家庭无未满六周岁的儿童。

第十条 寄养残疾儿童，应当优先在具备医疗、特殊教育、康复训练条件的社区中为其选择寄养家庭。

第十一条 寄养年满十周岁以上儿童的，应当征得寄养儿童的同意。

第三章　寄养关系的确立

第十二条 确立家庭寄养关系，应当经过以下程序：

（一）申请。拟开展寄养的家庭应当向儿童福利机构提出书面申请，并提供户口簿、身份证复印件，家庭经济收入和住房情况、家庭成员健康状况以及一致同意申请等证明材料；

（二）评估。儿童福利机构应当组织专业人员或者委托社会工作服务机构等第三方专业机构对提出申请的家庭进行实地调查，核实申请家庭是否具备寄养条件和抚育能力，了解其邻里关系、社会交往、有无犯罪记录、社区环境等情况，并根据调查结果提出评估意见；

（三）审核。儿童福利机构应当根据评估意见对申请家庭进行审核，确定后报主管民政部门备案；

（四）培训。儿童福利机构应当对寄养家庭主要照料人进行培训；

（五）签约。儿童福利机构应当与寄养家庭主要照料人签订寄养协议，明确寄养期限、寄养双方的权利义务、寄养家庭的主要照料人、寄养融合期限、违约责任及处理等事项。家庭寄养协议自双方签字（盖章）之日起生效。

第十三条　寄养家庭应当履行下列义务：

（一）保障寄养儿童人身安全，尊重寄养儿童人格尊严；

（二）为寄养儿童提供生活照料，满足日常营养需要，帮助其提高生活自理能力；

（三）培养寄养儿童健康的心理素质，树立良好的思想道德观念；

（四）按照国家规定安排寄养儿童接受学龄前教育和义务教育。负责与学校沟通，配合学校做好寄养儿童的学校教育；

（五）对患病的寄养儿童及时安排医治。寄养儿童发生急症、重症等情况时，应当及时进行医治，并向儿童福利机构报告；

（六）配合儿童福利机构为寄养的残疾儿童提供辅助矫治、肢体功能康复训练、聋儿语言康复训练等方面的服务；

（七）配合儿童福利机构做好寄养儿童的送养工作；

（八）定期向儿童福利机构反映寄养儿童的成长状况，并接受其探访、培训、监督和指导；

（九）及时向儿童福利机构报告家庭住所变更情况；

（十）保障寄养儿童应予保障的其他权益。

第十四条　儿童福利机构主要承担以下职责：

（一）制定家庭寄养工作计划并组织实施；

（二）负责寄养家庭的招募、调查、审核和签约；

（三）培训寄养家庭中的主要照料人，组织寄养工作经验交流活动；

（四）定期探访寄养儿童，及时处理存在的问题；

（五）监督、评估寄养家庭的养育工作；

（六）建立家庭寄养服务档案并妥善保管；

（七）根据协议规定发放寄养儿童所需款物；

（八）向主管民政部门及时反映家庭寄养工作情况并提出建议。

第十五条 寄养协议约定的主要照料人不得随意变更。确需变更的，应当经儿童福利机构同意，经培训后在家庭寄养协议主要照料人一栏中变更。

第十六条 寄养融合期的时间不得少于六十日。

第十七条 寄养家庭有协议约定的事由在短期内不能照料寄养儿童的，儿童福利机构应当为寄养儿童提供短期养育服务。短期养育服务时间一般不超过三十日。

第十八条 寄养儿童在寄养期间不办理户口迁移手续，不改变与民政部门的监护关系。

第四章　寄养关系的解除

第十九条 寄养家庭提出解除寄养关系的，应当提前一个月向儿童福利机构书面提出解除寄养关系的申请，儿童福利机构应当予以解除。但在融合期内提出解除寄养关系的除外。

第二十条 寄养家庭有下列情形之一的，儿童福利机构应当解除寄养关系：

（一）寄养家庭及其成员有歧视、虐待寄养儿童行为的；

（二）寄养家庭成员的健康、品行不符合本办法第八条第（三）和（四）项规定的；

（三）寄养家庭发生重大变故，导致无法履行寄养义务的；

（四）寄养家庭变更住所后不符合本办法第八条规定的；

（五）寄养家庭借机对外募款敛财的；

（六）寄养家庭不履行协议约定的其他情形。

第二十一条　寄养儿童有下列情形之一的，儿童福利机构应当解除寄养关系：

（一）寄养儿童与寄养家庭关系恶化，确实无法共同生活的；

（二）寄养儿童依法被收养、被亲生父母或者其他监护人认领的；

（三）寄养儿童因就医、就学等特殊原因需要解除寄养关系的。

第二十二条　解除家庭寄养关系，儿童福利机构应当以书面形式通知寄养家庭，并报其主管民政部门备案。家庭寄养关系的解除以儿童福利机构批准时间为准。

第二十三条　儿童福利机构拟送养寄养儿童时，应当在报送被送养人材料的同时通知寄养家庭。

第二十四条　家庭寄养关系解除后，儿童福利机构应当妥善安置寄养儿童，并安排社会工作、医疗康复、心理健康教育等专业技术人员对其进行辅导、照料。

第二十五条　符合收养条件、有收养意愿的寄养家庭，可以依法优先收养被寄养儿童。

第五章　监督管理

第二十六条　县级以上地方人民政府民政部门对家庭寄养工作负有以下监督管理职责：

（一）制定本地区家庭寄养工作政策；

（二）指导、检查本地区家庭寄养工作；

（三）负责寄养协议的备案，监督寄养协议的履行；

（四）协调解决儿童福利机构与寄养家庭之间的争议；

（五）与有关部门协商，及时处理家庭寄养工作中存在的问题。

第二十七条　开展跨县级或者设区的市级行政区域的家庭寄养，应当经过共同上一级人民政府民政部门同意。

不得跨省、自治区、直辖市开展家庭寄养。

第二十八条　儿童福利机构应当聘用具有社会工作、医疗康复、心理健康教育等专业知识的专职工作人员。

第二十九条　家庭寄养经费，包括寄养儿童的养育费用补贴、寄养家庭的劳务补贴和寄养工作经费等。

寄养儿童养育费用补贴按照国家有关规定列支。寄养家庭劳务补贴、寄养工作经费等由当地人民政府予以保障。

第三十条　家庭寄养经费必须专款专用，儿童福利机构不得截留或者挪用。

第三十一条　儿童福利机构可以依法通过与社会组织合作、通过接受社会捐赠获得资助。

与境外社会组织或者个人开展同家庭寄养有关的合作项目，应当按照有关规定办理手续。

第六章　法律责任

第三十二条　寄养家庭不履行本办法规定的义务，或者未经同意变更主要照料人的，儿童福利机构可以督促其改正，情节严重的，可以解除寄养协议。

寄养家庭成员侵害寄养儿童的合法权益，造成人身财产损害的，依法承担民事责任；构成犯罪的，依法追究刑事责任。

第三十三条　儿童福利机构有下列情形之一的，由设立该机构的民政部门进行批评教育，并责令改正；情节严重的，对直接负责的主管人员和其他直接责任人员依法给予处分：

（一）不按照本办法的规定承担职责的；

（二）在办理家庭寄养工作中牟取利益，损害寄养儿童权益的；

（三）玩忽职守导致寄养协议不能正常履行的；

（四）跨省、自治区、直辖市开展家庭寄养，或者未经上级部门同意擅自开展跨县级或者设区的市级行政区域家庭寄养的；

（五）未按照有关规定办理手续，擅自与境外社会组织或者个人开展家庭寄养合作项目的。

第三十四条 县级以上地方人民政府民政部门不履行家庭寄养工作职责，由上一级人民政府民政部门责令其改正。情节严重的，对直接负责的主管人员和其他直接责任人员依法给予处分。

第七章 附 则

第三十五条 对流浪乞讨等生活无着未成年人承担临时监护责任的未成年人救助保护机构开展家庭寄养，参照本办法执行。

第三十六条 尚未设立儿童福利机构的，由县级以上地方人民政府民政部门负责本行政区域内家庭寄养的组织实施，具体工作参照本办法执行。

第三十七条 本办法自2014年12月1日起施行，2003年颁布的《家庭寄养管理暂行办法》（民发〔2003〕144号）同时废止。

附　录

民政部关于规范生父母有特殊困难无力抚养的
子女和社会散居孤儿收养工作的意见

民发〔2014〕206号

各省、自治区、直辖市民政厅（局）：

为规范生父母有特殊困难无力抚养的子女和社会散居孤儿（以下简称两类儿童）的收养工作，切实维护被收养儿童的合法权益，根据《中华人民共和国收养法》及《中国公民收养子女登记办法》、《外国人在中华人民共和国收养子女登记办法》及相关规定，现就两类儿童收养提出如下意见：

一、坚持两类儿童收养工作原则

收养应当有利于被收养未成年人的抚养、成长。要落实儿童利益最佳的原则，把"一切为了孩子"的要求贯穿于收养工作始终，让儿童回归家庭，得到父母的关爱和良好的教育。要坚持国内收养优先的原则，鼓励、支持符合条件的国内家庭收养，研究创制亲属收养的政策措施，积极引导国内家庭转变收养观念，帮助大龄和残疾儿童实现国内收养。同时，积极稳妥地开展涉外收养工作。要遵循平等自愿的原则，充分尊重被收养人和送养人的意愿，切实维护其合法权益。对送养年满十周岁以上未成年人的，要征得其本人同意。告知送养人送养的权利义务，让其知晓送养后的法律后果，方便其行使选择权利。他人不得诱使或强迫监护人送养。要坚持依法登记的原则，强化对收养登记工作人员的管理约束，不断增强法律意识，提高依法办事能力，严格依法依规办理收养登记。

二、明确送养人和送养意愿

生父母有特殊困难无力抚养的子女由生父母作为送养人。生父母均不具备完全民事行为能力且对被收养人有严重危害可能的，由被收养人的监护人作为送养人。社会散居孤儿由其监护人作为送养人。社会散居孤儿的监护人依法变更为社会福利机构的，可以由社会福利机构送养。送养人可以向民政部门提出送养意愿。民政部门可以委托社会福利机构代为接收送养意愿。

三、严格规范送养材料

提交送养材料时，送养人可以直接向县级以上人民政府民政部门提交，也可以由受委托的社会福利机构转交。受委托的社会福利机构应当协助送养人按照要求提交送养证明材料。

送养人应当提交下列证件和证明材料：本人及被收养人的居民身份证和居民户口簿或公安机关出具的户籍证明，《生父母或监护人同意送养的书面意见》（见附件1），并根据下列情况提交相关证明材料。

（一）生父母作为送养人的，应当提交下列证明材料：

1. 生父母有特殊困难无力抚养子女的证明；

2. 生父母与当地卫生和计划生育部门签订的计划生育协议。

生父母有特殊困难无力抚养的证明是指生父母所在单位或者村（居）委会根据下列证件、证明材料之一出具的能够确定生父母有特殊困难无力抚养的相关证明：

（1）县级以上医疗机构出具的重特大疾病证明；

（2）县级残疾人联合会出具的重度残疾证明；

（3）人民法院判处有期徒刑或无期徒刑、死刑的判决书。

生父母确因其他客观原因无力抚养子女的，乡镇人民政府、街道办事处出具的有关证明可以作为生父母有特殊困难无力抚养的证明使用。

（二）如生父母一方死亡或者下落不明的，送养人还应当提交下列证明：

1. 死亡证明、公安机关或者其他有关机关出具的下落不明的证明；

2. 经公证的死亡或者下落不明一方的父母不行使优先抚养权的书面声明（见附件2）。

（三）生父母以外的监护人作为送养人的，应当提交下列证明材料：

1. 生父母的死亡证明或者人民法院出具的能够证明生父母双方均不具备完全民事行为能力的文书；

2. 监护人所在单位或村（居）委会出具的监护人实际承担监护责任的证明；

3. 其他有抚养义务的人（祖父母、外祖父母、成年兄姐）出具的经公证的同意送养的书面意见（见附件3）。

生父母均不具备完全民事行为能力的，还应当提交生父母所在单位、村（居）委会、医疗机构、司法鉴定机构或者其他有权机关出具的生父母对被收养人有严重危害可能的证明。

（四）涉外送养的，送养人还应当提交下列材料：

1. 被收养人照片；

2. 县级以上医疗机构出具的被收养人体检报告；

3. 被收养人成长报告。

体检报告参照《关于社会福利机构涉外送养若干规定》（民

发〔2003〕112 号）办理。被收养人成长报告应全面、准确地反映儿童的情况，包括儿童生父母简要情况、儿童成长发育情况、生活习惯、性格爱好等。7 岁以上儿童的成长报告应着重反映儿童心理发育、学习、与人交往、道德品行等方面的情况。

四、依法办理收养登记

（一）中国公民收养两类儿童登记。

中国公民收养两类儿童登记的办理，按照《中国公民收养子女登记办法》及相关规定执行。

（二）外国人收养两类儿童登记。

外国人收养两类儿童登记的办理，由省级人民政府民政部门对送养人提交的涉外送养材料进行审查，认为符合法律规定的，填写《生父母有特殊困难无力抚养的子女和社会散居孤儿涉外送养审查意见表》（见附件 4），并向中国儿童福利和收养中心报送，同时附两套上述涉外送养材料的复制件以及被收养人照片。

中国儿童福利和收养中心为被收养人选择到外国收养人后，向省级人民政府民政部门发出《涉外送养通知》，由省级人民政府民政部门书面通知送养人，或者由受委托的社会福利机构代为转交送养人。

送养人接到书面通知后，省级人民政府民政部门和受委托的社会福利机构，应当积极协助送养人做好交接工作，并指导送养人将收养人的情况如实告诉 7 周岁以上被收养人，帮助送养人做好被收养人的心理辅导。

受委托的社会福利机构可在自身条件允许时，应当事人一方要求，指定人员陪同送养人和被收养人办理收养登记。

外国人收养两类儿童的其他事宜参照《关于社会福利机构涉外送养若干规定》（民发〔2003〕112 号）执行。

五、做好两类儿童收养工作的相关要求

各级人民政府民政部门要加强对受托社会福利机构指导督促，做好宣传引导工作，依法保障两类儿童收养工作的健康开展。要切实加强对被收养人的身份审核。受委托的社会福利机构要对被收养人和送养人的情况进行实地调查走访，重点了解是否符合两类儿童的送养条件，注意做好调查笔录、材料保存等工作，严防弄虚作假。有条件的地方可通过政府购买服务、引入社会工作者等方式开展收养评估工作，对被收养人和送养人的情况进行了解把握。各级人民政府民政部门要加强对送养证明材料的审查，依法办理收养登记。

附件：

1. 生父母或监护人同意送养的书面意见（略）

2. 死亡或下落不明一方的父母不行使优先抚养权的书面声明（略）

3. 其他有抚养义务的人同意送养的书面意见（略）

4. 生父母有特殊困难无力抚养的子女和社会散居孤儿涉外送养审查意见表（略）

民政部

2014 年 9 月 28 日

中华人民共和国预防未成年人犯罪法

中华人民共和国主席令

第六十六号

《全国人民代表大会常务委员会关于修改〈中华人民共和国预防未成年人犯罪法〉的决定》已由中华人民共和国第十一届全国人民代表大会常务委员会第二十九次会议于 2012 年 10 月 26 日通过，现予公布，自 2013 年 1 月 1 日起施行。

中华人民共和国主席　胡锦涛

2012 年 10 月 26 日

(1999 年 6 月 28 日第九届全国人民代表大会常务委员会第十次会议通过；1999 年 6 月 28 日中华人民共和国主席令第 17 号公布，自 1999 年 11 月 1 日起施行；根据 2012 年 10 月 26 日第十一届全国人民代表大会常务委员会第二十九次会议通过的《全国人民代表大会常务委员会关于修改〈中华人民共和国预防未成年人犯罪法〉的决定》修正)

第一章 总 则

第一条 为了保障未成年人身心健康，培养未成年人良好品行，有效地预防未成年人犯罪，制定本法。

第二条 预防未成年人犯罪，立足于教育和保护，从小抓起，对未成年人的不良行为及时进行预防和矫治。

第三条 预防未成年人犯罪，在各级人民政府组织领导下，实行综合治理。

政府有关部门、司法机关、人民团体、有关社会团体、学校、家庭、城市居民委员会、农村村民委员会等各方面共同参与，各负其责，做好预防未成年人犯罪工作，为未成年人身心健康发展创造良好的社会环境。

第四条 各级人民政府在预防未成年人犯罪方面的职责是：

（一）制定预防未成年人犯罪工作的规划；

（二）组织、协调公安、教育、文化、新闻出版、广播电影电视、工商、民政、司法行政等政府有关部门和其他社会组织进行预防未成年人犯罪工作；

（三）对本法实施的情况和工作规划的执行情况进行检查；

（四）总结、推广预防未成年人犯罪工作的经验，树立、表彰先进典型。

第五条 预防未成年人犯罪，应当结合未成年人不同年龄的生理、心理特点，加强青春期教育、心理矫治和预防犯罪对策的研究。

第二章 预防未成年人犯罪的教育

第六条 对未成年人应当加强思想、道德、法制和爱国主义、集体主义、社会主义教育。对于达到义务教育年龄的未成年人，在进行上述教育的同时，应当进行预防犯罪的教育。

预防未成年人犯罪的教育的目的，是增强未成年人的法制观念，使未成年人懂得违法和犯罪行为对个人、家庭、社会造成的危害，违法和犯罪行为应当承担的法律责任，树立遵纪守法和防范违法犯罪的意识。

第七条 教育行政部门、学校应当将预防犯罪的教育作为法制教育的内容纳入学校教育教学计划，结合常见多发的未成年人犯罪，对不同年龄的未成年人进行有针对性的预防犯罪教育。

第八条 司法行政部门、教育行政部门、共产主义青年团、少年先锋队应当结合实际，组织、举办展览会、报告会、演讲会等多种形式的预防未成年人犯罪的法制宣传活动。

学校应当结合实际举办以预防未成年人犯罪的教育为主要内容的活动。教育行政部门应当将预防未成年人犯罪教育的工作效果作为考核学校工作的一项重要内容。

第九条 学校应当聘任从事法制教育的专职或者兼职教师。学校根据条件可以聘请校外法律辅导员。

第十条 未成年人的父母或者其他监护人对未成年人的法制教育负有直接责任。学校在对学生进行预防犯罪教育时，应当将教育计划告知未成年人的父母或者其他监护人，未成年人的父母或者其他监护人应当结合学校的计划，针对具体情况进行教育。

第十一条　少年宫、青少年活动中心等校外活动场所应当把预防未成年人犯罪的教育作为一项重要的工作内容，开展多种形式的宣传教育活动。

第十二条　对于已满十六周岁不满十八周岁准备就业的未成年人，职业教育培训机构、用人单位应当将法律知识和预防犯罪教育纳入职业培训的内容。

第十三条　城市居民委员会、农村村民委员会应当积极开展有针对性的预防未成年人犯罪的法制宣传活动。

第三章　对未成年人不良行为的预防

第十四条　未成年人的父母或者其他监护人和学校应当教育未成年人不得有下列不良行为：

（一）旷课、夜不归宿；

（二）携带管制刀具；

（三）打架斗殴、辱骂他人；

（四）强行向他人索要财物；

（五）偷窃、故意毁坏财物；

（六）参与赌博或者变相赌博；

（七）观看、收听色情、淫秽的音像制品、读物等；

（八）进入法律、法规规定未成年人不适宜进入的营业性歌舞厅等场所；

（九）其他严重违背社会公德的不良行为。

第十五条　未成年人的父母或者其他监护人和学校应当教育未成年人不得吸烟、酗酒。任何经营场所不得向未成年人出售烟酒。

第十六条　中小学生旷课的，学校应当及时与其父母或者其他监护人取得联系。

未成年人擅自外出夜不归宿的，其父母或者其他监护人、其所在的寄宿制学校应当及时查找，或者向公安机关请求帮助。收留夜不归宿的未成年人的，应当征得其父母或者其他监护人的同意，或者在二十四小时内及时通知其父母或者其他监护人、所在学校或者及时向公安机关报告。

第十七条　未成年人的父母或者其他监护人和学校发现未成年人组织或者参加实施不良行为的团伙的，应当及时予以制止。发现该团伙有违法犯罪行为的，应当向公安机关报告。

第十八条　未成年人的父母或者其他监护人和学校发现有人教唆、胁迫、引诱未成年人违法犯罪的，应当向公安机关报告。公安机关接到报告后，应当及时依法查处，对未成年人人身安全受到威胁的，应当及时采取有效措施，保护其人身安全。

第十九条　未成年人的父母或者其他监护人，不得让不满十六周岁的未成年人脱离监护单独居住。

第二十条　未成年人的父母或者其他监护人对未成年人不得放任不管，不得迫使其离家出走，放弃监护职责。

未成年人离家出走的，其父母或者其他监护人应当及时查找，或者向公安机关请求帮助。

第二十一条　未成年人的父母离异的，离异双方对子女都有教育的义务，任何一方都不得因离异而不履行教育子女的义务。

第二十二条　继父母、养父母对受其抚养教育的未成年继子女、养子女、应当履行本法规定的父母对未成年子女在预防犯罪方面的职责。

第二十三条　学校对有不良行为的未成年人应当加强教育、管理，不得歧视。

第二十四条 教育行政部门、学校应当举办各种形式的讲座、座谈、培训等活动，针对未成年人不同时期的生理、心理特点，介绍良好有效的教育方法，指导教师、未成年人的父母和其他监护人有效地防止、矫治未成年人的不良行为。

第二十五条 对于教唆、胁迫、引诱未成年人实施不良行为或者品行不良，影响恶劣，不适宜在学校工作的教职员工，教育行政部门、学校应当予以解聘或者辞退；构成犯罪的，依法追究刑事责任。

第二十六条 禁止在中小学校附近开办营业性歌舞厅、营业性电子游戏场所以及其他未成年人不适宜进入的场所。禁止开办上述场所的具体范围由省、自治区、直辖市人民政府规定。

对本法施行前已在中小学校附近开办上述场所的，应当限期迁移或者停业。

第二十七条 公安机关应当加强中小学校周围环境的治安管理，及时制止、处理中小学校周围发生的违法犯罪行为。城市居民委员会、农村村民委员会应当协助公安机关做好维护中小学校周围治安的工作。

第二十八条 公安派出所、城市居民委员会、农村村民委员会应当掌握本辖区内暂住人口中未成年人的就学、就业情况。对于暂住人口中未成年人实施不良行为的，应当督促其父母或者其他监护人进行有效的教育、制止。

第二十九条 任何人不得教唆、胁迫、引诱未成年人实施本法规定的不良行为，或者为未成年人实施不良行为提供条件。

第三十条 以未成年人为对象的出版物，不得含有诱发未成年人违法犯罪的内容，不得含有渲染暴力、色情、赌博、恐怖活动等危害未成年人身心健康的内容。

第三十一条 任何单位和个人不得向未成年人出售、出租含有诱发未成年人违法犯罪以及渲染暴力、色情、赌博、恐怖活动等危害未成年人身心健康内容的读物、音像制品或者电子出版物。

任何单位和个人不得利用通讯、计算机网络等方式提供前款规定的危害未成年人身心健康的内容及其信息。

第三十二条 广播、电影、电视、戏剧节目，不得有渲染暴力、色情、赌博、恐怖活动等危害未成年人身心健康的内容。

广播电影电视行政部门、文化行政部门必须加强对广播、电影、电视、戏剧节目以及各类演播场所的管理。

第三十三条 营业性歌舞厅以及其他未成年人不适宜进入的场所、应当设置明显的未成年人禁止进入标志，不得允许未成年人进入。

营业性电子游戏场所在国家法定节假日外，不得允许未成年人进入，并应当设置明显的未成年人禁止进入标志。

对于难以判明是否已成年的，上述场所的工作人员可以要求其出示身份证件。

第四章 对未成年人严重
不良行为的矫治

第三十四条 本法所称"严重不良行为"，是指下列严重危害社会，尚不够刑事处罚的违法行为：

（一）纠集他人结伙滋事，扰乱治安；

（二）携带管制刀具，屡教不改；

（三）多次拦截殴打他人或者强行索要他人财物；

（四）传播淫秽的读物或者音像制品等；

（五）进行淫乱或者色情、卖淫活动；

（六）多次偷窃；

（七）参与赌博，屡教不改；

（八）吸食、注射毒品；

（九）其他严重危害社会的行为。

第三十五条 对未成年人实施本法规定的严重不良行为的，应当及时予以制止。

对有本法规定严重不良行为的未成年人，其父母或者其他监护人和学校应当相互配合，采取措施严加管教，也可以送工读学校进行矫治和接受教育。

对未成年人送工读学校进行矫治和接受教育，应当由其父母或者其他监护人，或者原所在学校提出申请，经教育行政部门批准。

第三十六条 工读学校对就读的未成年人应当严格管理和教育。工读学校除按照义务教育法的要求，在课程设置上与普通学校相同外，应当加强法制教育的内容，针对未成年人严重不良行为产生的原因以及有严重不良行为的未成年人的心理特点，开展矫治工作。

家庭、学校应当关心、爱护在工读学校就读的未成年人，尊重他们的人格尊严，不得体罚、虐待和歧视。工读学校毕业的未成年人在升学、就业等方面，同普通学校毕业的学生享有同等的权利，任何单位和个人不得歧视。

第三十七条 未成年人有本法规定严重不良行为，构成违反治安管理行为的，由公安机关依法予以治安处罚。因不满十四周岁或者情节特别轻微免予处罚的，可以予以训诫。

第三十八条 未成年人因不满十六周岁不予刑事处罚的，责令他的父母或者其他监护人严加管教；在必要的时候，也可以由政府依法收容教养。

第三十九条 未成年人在被收容教养期间，执行机关应当保证其继续接受文化知识、法律知识或者职业技术教育；对没有完成义务教育的未成年人，执行机关应当保证其继续接受义务教育。

解除收容教养、劳动教养的未成年人，在复学、升学、就业等方面与其他未成年人享有同等权利，任何单位和个人不得歧视。

第五章　未成年人对犯罪的自我防范

第四十条 未成年人应当遵守法律、法规及社会公共道德规范，树立自尊、自律、自强意识，增强辨别是非和自我保护的能力，自觉抵制各种不良行为及违法犯罪行为的引诱和侵害。

第四十一条 被父母或者其他监护人遗弃、虐待的未成年人，有权向公安机关、民政部门、共产主义青年团、妇女联合会、未成年人保护组织或者学校、城市居民委员会、农村村民委员会请求保护。被请求的上述部门和组织都应当接受，根据情况需要采取救助措施的，应当先采取救助措施。

第四十二条 未成年人发现任何人对自己或者对其他未成年人实施本法第三章规定不得实施的行为或者犯罪行为，可以通过所在学校、其父母或者其他监护人向公安机关或者政府有关主管部门报告，也可以自己向上述机关报告。受理报告的机关应当及时依法查处。

第四十三条 对同犯罪行为作斗争以及举报犯罪行为的未成年人，司法机关、学校、社会应当加强保护，保障其不受打击报复。

第六章　对未成年人重新犯罪的预防

第四十四条　对犯罪的未成年人追究刑事责任，实行教育、感化、挽救方针，坚持教育为主、惩罚为辅的原则。

司法机关办理未成年人犯罪案件，应当保障未成年人行使其诉讼权利，保障未成年人得到法律帮助，并根据未成年人的生理、心理特点和犯罪的情况，有针对性地进行法制教育。

对于被采取刑事强制措施的未成年学生，在人民法院的判决生效以前，不得取消其学籍。

第四十五条　人民法院审判未成年人犯罪的刑事案件，应当由熟悉未成年人身心特点的审判员或者审判员和人民陪审员依法组成少年法庭进行。

对于审判的时候被告人不满十八周岁的刑事案件，不公开审理。

对未成年人犯罪案件，新闻报道、影视节目、公开出版物不得披露该未成年人的姓名、住所、照片及可能推断出该未成年人的资料。

第四十六条　对被拘留、逮捕和执行刑罚的未成年人与成年人应当分别关押、分别管理、分别教育。未成年犯在被执行刑罚期间，执行机关应当加强对未成年犯的法制教育，对未成年犯进行职业技术教育。对没有完成义务教育的未成年犯，执行机关应当保证其继续接受义务教育。

第四十七条　未成年人的父母或者其他监护人和学校、城市居民委员会、农村村民委员会、对因不满十六周岁而不予刑事处罚、免予刑事处罚的未成年人，或者被判处非监禁刑罚、被判处刑罚宣告缓刑、被假释的未成年人，应当采取有效的帮教措施，协助司法机关做好对未成年人的教育、挽救工作。

城市居民委员会、农村村民委员会可以聘请思想品德优秀，作风正派，热心未成年人教育工作的离退休人员或其他人员协助做好对前款规定的未成年人的教育、挽救工作。

第四十八条　依法免予刑事处罚、判处非监禁刑罚、判处刑罚宣告缓刑、假释或者刑罚执行完毕的未成年人，在复学、升学、就业等方面与其他未成年人享有同等权利，任何单位和个人不得歧视。

第七章　法律责任

第四十九条　未成年人的父母或者其他监护人不履行监护职责，放任未成年人有本法规定的不良行为或者严重不良行为的，由公安机关对未成年人的父母或者其他监护人予以训诫，责令其严加管教。

第五十条　未成年人的父母或者其他监护人违反本法第十九条的规定，让不满十六周岁的未成年人脱离监护单独居住的，由公安机关对未成年人的父母或者其他监护人予以训诫，责令其立即改正。

第五十一条　公安机关的工作人员违反本法第十八条的规定，接到报告后，不及时查处或者采取有效措施，严重不负责任的，予以行政处分；造成严重后果，构成犯罪的，依法追究刑事责任。

第五十二条　违反本法第三十条的规定，出版含有诱发未成年人违法犯罪以及渲染暴力、色情、赌博、恐怖活动等危害未成年人身心健康内容的出版物的，由出版行政部门没收出版物和违法所得，并处违法所得三倍以上十倍以下罚款；情节严重的，没收出版物和违法所得，并责令停业整顿或者吊销许可证。对直接负责的主管人员和其他直接责任人员处以罚款。

制作、复制宣扬淫秽内容的未成年人出版物，或者向未成年人出售、出租、传播宣扬淫秽内容的出版物的，依法予以治安处罚；构成犯罪的，依法追究刑事责任。

第五十三条 违反本法第三十一条的规定，向未成年人出售、出租含有诱发未成年人违法犯罪以及渲染暴力、色情、赌博、恐怖活动等危害未成年人身心健康内容的读物、音像制品、电子出版物的，或者利用通讯、计算机网络等方式提供上述危害未成年人身心健康内容及其信息的，没收读物、音像制品、电子出版物和违法所得，由政府有关主管部门处以罚款。

单位有前款行为的，没收读物、音像制品、电子出版物和违法所得，处以罚款，并对直接负责的主管人员和其他直接责任人员处以罚款。

第五十四条 影剧院、录像厅等各类演播场所，放映或者演出渲染暴力、色情、赌博。恐怖活动等危害未成年人身心健康的节目的，由政府有关主管部门没收违法播放的音像制品和违法所得，处以罚款，并对直接负责的主管人员和其他直接责任人员处以罚款；情节严重的，责令停业整顿或者由工商行政部门吊销营业执照。

第五十五条 营业性歌舞厅以及其他未成年人不适宜进入的场所、营业性电子游戏场所，违反本法第三十三条的规定，不设置明显的未成年人禁止进入标志，或者允许未成年人进入的，由文化行政部门责令改正、给予警告、责令停业整顿、没收违法所得，处以罚款，并对直接负责的主管人员和其他直接责任人员处以罚款；情节严重的，由工商行政部门吊销营业执照。

第五十六条 教唆、胁迫、引诱未成年人实施本法规定的不良行为、严重不良行为，或者为未成年人实施不良行为、严重不良行为提供条件，构成违反治安管理行为的，由公安机关依法予以治安处罚；构成犯罪的，依法追究刑事责任。

第八章 附 则

第五十七条 本法自 1999 年 11 月 1 日起施行。

附　录

关于进一步加强对网上未成年人犯罪和
欺凌事件报道管理的通知

（2015年6月30日，国家互联网信息办公室发布《关于进一步加强对网上未成年人犯罪和欺凌事件报道管理的通知》，对网上涉及未成年人犯罪和欺凌事件报道作出严格要求。）

各省、自治区、直辖市网信办，中央新闻网站：

近期，网上涉及对未成年人进行欺凌、侮辱的报道和涉及未成年人犯罪的报道呈增多趋势，个别报道展示校园暴力和未成年人犯罪细节，渲染对未成年人的人身伤害和人格羞辱，甚至侵犯未成年人隐私，对未成年人造成更为严重的二次伤害。

为加强对网上涉及未成年人犯罪和欺凌事件报道的管理，保护未成年人身心健康和合法权益，依据《中华人民共和国未成年人保护法》、《互联网新闻信息服务管理规定》等法律法规，提出要求如下：

一、网站采编涉及未成年人的新闻报道时，应首先考虑未成年人的权益保护，基于未成年人的特点进行报道。要形成引导保护未成年人相关权益意识，尊重未成年人的人格尊严，坚持与贯彻未成年人利益优先原则。

二、网站登载涉及未成年人犯罪和欺凌事件报道,原则上应采用中央主要新闻媒体的报道。确有必要使用其他来源稿件时,要严格进行核实,由网站总编辑签发,保留签发证明及依据。

三、网站不得在首页及新闻频道要闻位置登载未成年人犯罪和欺凌事件报道,不得在博客、微博、论坛、贴吧、弹窗、导航、搜索引擎等位置推荐相关报道,不得制作专题或集纳相关报道。

四、在涉及未成年人的网上报道中,不得对涉及未成年人体罚、侮辱人格尊严行为、校园暴力以及未成年人犯罪情节等进行渲染报道。

五、在对未成年人犯罪案件进行网上报道时,不得披露未成年人的姓名、住所、照片及可能推断出该未成年人的资料。不得披露未成年人的个人信息,避免对未成年人造成二次伤害。

六、在涉及未成年人的网上报道中,严禁使用未经处理的涉未成年人暴力、血腥、色情、恐怖等违法视频及图片。

七、在涉及未成年人的网上报道中,严禁以胁迫、诱导未成年人等方式采集信息,严禁歧视未成年人或利用未成年人负面新闻进行商业牟利。

八、在涉及未成年人的网上报道中,要加强对未成年人积极向上言行和事迹的宣传报道,要对未成年人中出现的不良现象及时给予批评和引导,使未成年人通过新闻报道认清真、善、美和假、恶、丑,及时纠正自己的不良言行,营造未成年人生活、学习和成长的良好舆论氛围,使未成年人学习有榜样,努力有方向,促进未成年人快乐健康成长。

九、网站要落实主体责任,健全有关管理制度,加强对未成年人网上报道的管理,同时要严格管理网民自发上传、分享涉及网上未成年人犯罪和欺凌事件的内容，及时删除违法违规信息。

十、各级网信管理部门要加强对网站有关未成年人报道及网上不良信息的管理。对于违反本通知有关规定，造成不良影响的单位和个人，依法采取约谈、警告、罚款等处理措施，直至取消网站新闻信息服务资质。

国家互联网信息办公室

2015 年 6 月 30 日

关于进一步加强青少年学生
法制教育的若干意见

教政法〔2013〕12号

各省、自治区、直辖市教育厅（教委）、司法厅（局）、综治办、团委、普法办，各计划单列市教育局、司法局、综治办、团委、普法办，新疆生产建设兵团教育局、司法局、综治办、团委、普法办，有关部门（单位）教育司（局）：

为深入贯彻落实党的十八大精神，全面实施《国家中长期教育改革和发展规划纲要（2010-2020年）》和国家教育普法规划，整体提升青少年学生法律素质，现对进一步加强青少年学生法制教育工作提出以下意见。

一、深刻认识整体提升青少年学生法律素质的重要性和紧迫性

法律素质是现代社会公民健康成长、参与社会、幸福生活的核心素质之一。党中央、国务院转发的"六五"普法规划把领导干部和青少年作为法制宣传教育的重中之重。加强青少年学生法制教育是贯彻党的教育方针、实施素质教育、培养社会主义合格公民的客观要求，是落实依法治国基本方略、建设社会主义法治国家的基础工程。

国家实施普法规划以来，各地、各学校越来越重视青少年学生法制教育工作，广大青少年学生法律素质有了明显提高。但从总体上看，青少年学生法制教育仍然存在定位不够明确、思想认识不够到位、教育内容不够系统、保障条件不够有力等问题，直接影响了青少年学生法制教育的效果。党的十八大关

于立德树人、全面推进依法治国的目标任务对青少年学生法制教育工作提出了新的更高要求。各级教育行政、司法行政、综治、共青团组织和各级各类学校要把青少年学生法制教育放在基础性、全局性、战略性地位，切实提高思想认识，完善工作机制，加大工作力度，全面提升青少年学生法制教育工作水平。

二、青少年学生法制教育的总体要求

法律意识需要从小启蒙，法律素质需要系统培养。青少年学生法制教育要以弘扬社会主义法治精神，树立社会主义法治理念，培养知法尊法守法用法的合格公民为根本目标；要自觉遵循青少年学生成长规律和法制教育规律，坚持规则教育、习惯养成与法治实践相结合，坚持课堂教学主渠道，积极开拓第二课堂，深入开展"法律进学校"活动，统筹发挥学校、家庭、社会各方作用。

把社会主义法治理念贯穿于大中小学法制教育全过程。小学阶段要重点开展法律启蒙教育，让学生初步了解宪法、法律的地位和作用，了解未成年人权利的基本内容和未成年人保护的法律法规，具备自我保护的意识，初步掌握自我保护的方法，初步树立规则意识、平等意识、权利义务观念。初中阶段要让学生进一步学习宪法的基本知识，了解法治的精神，理解公民权利与义务的关系，学习与其生活密切相关的民事、刑事、行政管理等方面的法律知识，了解预防未成年人犯罪法的有关内容，养成遵纪守法的习惯，提高依法保护合法权益的意识、能力。高中阶段要让学生形成法律意识和法治观念，懂得法治是治国理政的基本方式，知道法律的功能、作用，了解我国政治、经济、文化生活等方面的主要法律以及国际法的基本原则、我国批准的重要国际公约。高等学校要进一步培养学生法律意识，使学生了解现代法学的基本理论和中国特色社会主义法律体系中的基本法律原则、法律制度及民事、刑事、行政法律规范，提高运用法律知识分析、解决实际问题的意识和能力。

健全学校、家庭、社会"三位一体"的青少年学生法制教育格局，充分发挥社会教育在青少年学生法制教育中的作用。要重视对特殊青少年群体的法制教育。教育行政部门要会同有关部门，推动家庭、学校有针对性地对有不良行为学生开展法制教育。专门学校要适当增加法制教育的内容，通过多种教育形式对学生进行矫治。要特别重视开展好未成年犯管教所、强制隔离戒毒所、劳教所、拘留所、看守所等特殊场所内青少年的法制教育。

三、落实法制教育相关课程和活动

将法制教育纳入学校总体教育计划。普通中小学要落实好《品德与社会》、《思想品德》、《思想政治》中的法制教育内容；中等职业学校要落实好《职业道德与法律》中的法制教育内容，会同实习单位有针对性地做好实习学生的法制教育；高等学校要开好《思想道德修养与法律基础》课程，开设法律选修课和法治讲座。支持中小学在语文、历史、地理等课程中有针对性地渗透法制教育，在安全、环境保护、禁毒、国防等专题教育中突出法制教育内容。学校可利用新生入学教育、主题班会等形式开展法制教育活动。学校要保证法制教育时间，不得挤占、减少法制教育课时和法制教育活动时间。

四、加强法制教育资源建设

鼓励和支持地方编写出版符合中小学学生认知特点和理解接受能力的法制教育课件、音像资料等法制教育教学资源，并积极创造条件免费提供给中小学校。加快建设好教育部全国青少年普法网。推进青少年法制教育校外实践基地建设。鼓励利用学校结构布局调整闲置的校舍场地，规划建设专门的青少年法制教育基地。各地教育行政、司法行政、综治办、共青团等部门、组织之间要加强协作，推动各类法制教育基地免费对青少年学生开放，并不断增加和完善法治实践模拟内容，完善法制教育功能。

五、增强法制教育的实践性

鼓励学校组织模拟法庭、法制征文、法制绘画等活动。把情感、时尚、艺术元素引入法制宣传教育活动当中，充分运用传统媒体和互联网、手机等新媒介，提升青少年学生的参与积极性。要创造条件，为学校组织学生参观各类国家机关、观摩执法、司法活动提供便利。让学生参与学校建章立制过程和社会公共事务，提高学生的公民意识和法律运用能力。鼓励各地开发网络教育课程，征集法制教育精品课件、视频，推进远程教育，使农村和边远贫困地区学生都能够接受到法制教育。充分利用全国法制宣传日、禁毒日等时间节点，集中开展相关的法制宣传教育主题活动。

六、加强法制教育工作力量

积极探索在中小学设立法制教育专职岗位。中小学要聘用1-2名法制教育专任或兼任教师，鼓励高校法律专业毕业生到中小学任教，鼓励其他教师参与法制教育。暂不具备条件的学校，县级教育行政部门可采取多校共同聘用法制课教师的方式。加强对校长和教师的法制培训，将法制教育内容纳入"国培计划"。省级教育行政部门要有针对性地组织专门的法制课骨干教师、专任教师培训班，在其他各类教师培训中增加法制教育内容。完善兼职法制副校长（辅导员）制度，进一步明确其职责，完善相关工作机制。加强法律志愿者、专业社工队伍建设，充分发挥本地高等学校法律院系教师和大学生、离退休法律工作者等专业人员的专长，为学校法制教育服务。

七、强化经费保障

各级教育行政部门和有关部门要统筹安排相关经费，支持青少年学生法制教育，支持法制教育基地、教育普法网站建设和教师法制培训、法制教育教学研究工作。学校要将法制教育纳入学校工作总体规划和年度计划，将所需经费纳入年度预算。地方各级教育行政部门及其他有关部门，要积极创造条件为青少年学生免费提供法制教育资源。积极动员全社会力量、整合各种资源支持青少年学生法制教育。

八、健全法制教育考核与督导制度

将法律素质纳入学生综合素质评价体系。教育行政部门要把青少年学生法制教育工作情况纳入依法治校工作指标体系，将学生法制教育作为对学校年度考核的重要内容。各级人民政府教育督导机构要将学校法制教育纳入教育督导范围。对法制宣传教育工作相对滞后的学校，有关部门要予以督促和帮扶。

九、加强组织领导、完善工作机制

各地要建立党委、政府统一领导，教育行政部门牵头，司法、综治、共青团等部门共同参与的青少年法制教育工作机制。有关职能部门和社会组织要充分发挥各自资源优势，做好相关领域内的青少年法制教育工作。各级各类学校要建立和完善青少年学生法制教育领导体制和工作机制，学校主要领导负责学校法制教育工作，有一名校级领导主抓学生法制教育，明确学校法制教育带头人和业务骨干，将法制教育落实到相应的岗位职责，纳入工作计划，纳入日常管理，纳入绩效考核。引导大众传媒切实承担起法制宣传教育的社会责任，把青少年学生作为法制宣传教育的重点人群，通过多种形式，开展适合青少年学生特点的公益法制宣传活动。

地方各级教育行政部门要按照本意见的要求，结合实际，制定具体办法和配套措施，明确责任分工，确定工作重点，将国家教育普法规划和本意见的有关要求落到实处。贯彻落实中的典型经验，及时报送教育部全国教育普法领导小组办公室。

中华人民共和国教育部

中华人民共和国司法部

中央综治办

共青团中央

全国普法办

2013 年 6 月 13 日

中华人民共和国老年人权益保障法

中华人民共和国主席令

第二十四号

《全国人民代表大会常务委员会关于修改〈中华人民共和国电力法〉等六部法律的决定》已由中华人民共和国第十二届全国人民代表大会常务委员会第十四次会议于 2015 年 4 月 24 日通过，现予公布，自公布之日起施行。

中华人民共和国主席　习近平

2015 年 4 月 24 日

(1996 年 8 月 29 日第八届全国人民代表大会常务委员会第二十一次会议通过；根据 2009 年 8 月 27 日第十一届全国人民代表大会常务委员会第十次会议《关于修改部分法律的决定》第一次修正；根据 2012 年 12 月 28 日第十一届全国人民代表大会常务委员会第三十次会议第二次修正；根据 2015 年 4 月 24 日第十二届全

国人民代表大会常务委员会第十四次会议《关于修改〈中华人民共和国电力法〉等六部法律的决定》第三次修正)

第一章 总 则

第一条 为了保障老年人合法权益，发展老龄事业，弘扬中华民族敬老、养老、助老的美德，根据宪法，制定本法。

第二条 本法所称老年人是指六十周岁以上的公民。

第三条 国家保障老年人依法享有的权益。

老年人有从国家和社会获得物质帮助的权利，有享受社会服务和社会优待的权利，有参与社会发展和共享发展成果的权利。

禁止歧视、侮辱、虐待或者遗弃老年人。

第四条 积极应对人口老龄化是国家的一项长期战略任务。

国家和社会应当采取措施，健全保障老年人权益的各项制度，逐步改善保障老年人生活、健康、安全以及参与社会发展的条件，实现老有所养、老有所医、老有所为、老有所学、老有所乐。

第五条 国家建立多层次的社会保障体系，逐步提高对老年人的保障水平。

国家建立和完善以居家为基础、社区为依托、机构为支撑的社会养老服务体系。

倡导全社会优待老年人。

第六条 各级人民政府应当将老龄事业纳入国民经济和社会发展规划，将老龄事业经费列入财政预算，建立稳定的经费保障机制，并鼓励社会各方面投入，使老龄事业与经济、社会协调发展。

国务院制定国家老龄事业发展规划。县级以上地方人民政府根据国家老龄事业发展规划，制定本行政区域的老龄事业发展规划和年度计划。

县级以上人民政府负责老龄工作的机构，负责组织、协调、指导、督促有关部门做好老年人权益保障工作。

第七条 保障老年人合法权益是全社会的共同责任。

国家机关、社会团体、企业事业单位和其他组织应当按照各自职责，做好老年人权益保障工作。

基层群众性自治组织和依法设立的老年人组织应当反映老年人的要求，维护老年人合法权益，为老年人服务。

提倡、鼓励义务为老年人服务。

第八条 国家进行人口老龄化国情教育，增强全社会积极应对人口老龄化意识。

全社会应当广泛开展敬老、养老、助老宣传教育活动，树立尊重、关心、帮助老年人的社会风尚。

青少年组织、学校和幼儿园应当对青少年和儿童进行敬老、养老、助老的道德教育和维护老年人合法权益的法制教育。

广播、电影、电视、报刊、网络等应当反映老年人的生活，开展维护老年人合法权益的宣传，为老年人服务。

第九条 国家支持老龄科学研究，建立老年人状况统计调查和发布制度。

第十条 各级人民政府和有关部门对维护老年人合法权益和敬老、养老、助老成绩显著的组织、家庭或者个人，对参与社会发展做出突出贡献的老年人，按照国家有关规定给予表彰或者奖励。

第十一条　老年人应当遵纪守法，履行法律规定的义务。

第十二条　每年农历九月初九为老年节。

第二章　家庭赡养与扶养

第十三条　老年人养老以居家为基础，家庭成员应当尊重、关心和照料老年人。

第十四条　赡养人应当履行对老年人经济上供养、生活上照料和精神上慰藉的义务，照顾老年人的特殊需要。

赡养人是指老年人的子女以及其他依法负有赡养义务的人。

赡养人的配偶应当协助赡养人履行赡养义务。

第十五条　赡养人应当使患病的老年人及时得到治疗和护理；对经济困难的老年人，应当提供医疗费用。

对生活不能自理的老年人，赡养人应当承担照料责任；不能亲自照料的，可以按照老年人的意愿委托他人或者养老机构等照料。

第十六条　赡养人应当妥善安排老年人的住房，不得强迫老年人居住或者迁居条件低劣的房屋。

老年人自有的或者承租的住房，子女或者其他亲属不得侵占，不得擅自改变产权关系或者租赁关系。

老年人自有的住房，赡养人有维修的义务。

第十七条　赡养人有义务耕种或者委托他人耕种老年人承包的田地，照管或者委托他人照管老年人的林木和牲畜等，收益归老年人所有。

第十八条　家庭成员应当关心老年人的精神需求，不得忽视、冷落老年人。

与老年人分开居住的家庭成员，应当经常看望或者问候老年人。

用人单位应当按照国家有关规定保障赡养人探亲休假的权利。

第十九条 赡养人不得以放弃继承权或者其他理由，拒绝履行赡养义务。

赡养人不履行赡养义务，老年人有要求赡养人付给赡养费等权利。

赡养人不得要求老年人承担力不能及的劳动。

第二十条 经老年人同意，赡养人之间可以就履行赡养义务签订协议。赡养协议的内容不得违反法律的规定和老年人的意愿。

基层群众性自治组织、老年人组织或者赡养人所在单位监督协议的履行。

第二十一条 老年人的婚姻自由受法律保护。子女或者其他亲属不得干涉老年人离婚、再婚及婚后的生活。

赡养人的赡养义务不因老年人的婚姻关系变化而消除。

第二十二条 老年人对个人的财产，依法享有占有、使用、收益和处分的权利，子女或者其他亲属不得干涉，不得以窃取、骗取、强行索取等方式侵犯老年人的财产权益。

老年人有依法继承父母、配偶、子女或者其他亲属遗产的权利，有接受赠与的权利。子女或者其他亲属不得侵占、抢夺、转移、隐匿或者损毁应当由老年人继承或者接受赠与的财产。

老年人以遗嘱处分财产，应当依法为老年配偶保留必要的份额。

第二十三条 老年人与配偶有相互扶养的义务。

由兄、姐扶养的弟、妹成年后，有负担能力的，对年老无赡养人的兄、姐有扶养的义务。

第二十四条 赡养人、扶养人不履行赡养、扶养义务的，基层群众性自治组织、老年人组织或者赡养人、扶养人所在单位应当督促其履行。

第二十五条 禁止对老年人实施家庭暴力。

第二十六条 具备完全民事行为能力的老年人，可以在近亲属或者其他与自己关系密切、愿意承担监护责任的个人、组织中协商确定自己的监护人。监护人在老年人丧失或者部分丧失民事行为能力时，依法承担监护责任。

老年人未事先确定监护人的，其丧失或者部分丧失民事行为能力时，依照有关法律的规定确定监护人。

第二十七条 国家建立健全家庭养老支持政策，鼓励家庭成员与老年人共同生活或者就近居住，为老年人随配偶或者赡养人迁徙提供条件，为家庭成员照料老年人提供帮助。

第三章　社会保障

第二十八条 国家通过基本养老保险制度，保障老年人的基本生活。

第二十九条 国家通过基本医疗保险制度，保障老年人的基本医疗需要。享受最低生活保障的老年人和符合条件的低收入家庭中的老年人参加新型农村合作医疗和城镇居民基本医疗保险所需个人缴费部分，由政府给予补贴。

有关部门制定医疗保险办法，应当对老年人给予照顾。

第三十条 国家逐步开展长期护理保障工作，保障老年人的护理需求。

对生活长期不能自理、经济困难的老年人，地方各级人民政府应当根据其失能程度等情况给予护理补贴。

第三十一条 国家对经济困难的老年人给予基本生活、医疗、居住或者其他救助。

老年人无劳动能力、无生活来源、无赡养人和扶养人，或者其赡养人和扶养人确无赡养能力或者扶养能力的，由地方各级人民政府依照有关规定给予供养或者救助。

对流浪乞讨、遭受遗弃等生活无着的老年人，由地方各级人民政府依照有关规定给予救助。

第三十二条 地方各级人民政府在实施廉租住房、公共租赁住房等住房保障制度或者进行危旧房屋改造时，应当优先照顾符合条件的老年人。

第三十三条 国家建立和完善老年人福利制度，根据经济社会发展水平和老年人的实际需要，增加老年人的社会福利。

国家鼓励地方建立八十周岁以上低收入老年人高龄津贴制度。

国家建立和完善计划生育家庭老年人扶助制度。

农村可以将未承包的集体所有的部分土地、山林、水面、滩涂等作为养老基地，收益供老年人养老。

第三十四条 老年人依法享有的养老金、医疗待遇和其他待遇应当得到保障，有关机构必须按时足额支付，不得克扣、拖欠或者挪用。

国家根据经济发展以及职工平均工资增长、物价上涨等情况，适时提高养老保障水平。

第三十五条 国家鼓励慈善组织以及其他组织和个人为老年人提供物质帮助。

第三十六条 老年人可以与集体经济组织、基层群众性自治组织、养老机构等组织或者个人签订遗赠扶养协议或者其他扶助协议。

负有扶养义务的组织或者个人按照遗赠扶养协议，承担该老年人生养死葬的义务，享有受遗赠的权利。

第四章 社会服务

第三十七条 地方各级人民政府和有关部门应当采取措施，发展城乡社区养老服务，鼓励、扶持专业服务机构及其他组织和个人，为居家的老年人提供生活照料、紧急救援、医疗护理、精神慰藉、心理咨询等多种形式的服务。

对经济困难的老年人，地方各级人民政府应当逐步给予养老服务补贴。

第三十八条 地方各级人民政府和有关部门、基层群众性自治组织，应当将养老服务设施纳入城乡社区配套设施建设规划，建立适应老年人需要的生活服务、文化体育活动、日间照料、疾病护理与康复等服务设施和网点，就近为老年人提供服务。

发扬邻里互助的传统，提倡邻里间关心、帮助有困难的老年人。

鼓励慈善组织、志愿者为老年人服务。倡导老年人互助服务。

第三十九条 各级人民政府应当根据经济发展水平和老年人服务需求，逐步增加对养老服务的投入。

各级人民政府和有关部门在财政、税费、土地、融资等方面采取措施，鼓励、扶持企业事业单位、社会组织或者个人兴办、运营养老、老年人日间照料、老年文化体育活动等设施。

第四十条 地方各级人民政府和有关部门应当按照老年人

口比例及分布情况，将养老服务设施建设纳入城乡规划和土地利用总体规划，统筹安排养老服务设施建设用地及所需物资。

公益性养老服务设施用地，可以依法使用国有划拨土地或者农民集体所有的土地。

养老服务设施用地，非经法定程序不得改变用途。

第四十一条 政府投资兴办的养老机构，应当优先保障经济困难的孤寡、失能、高龄等老年人的服务需求。

第四十二条 国务院有关部门制定养老服务设施建设、养老服务质量和养老服务职业等标准，建立健全养老机构分类管理和养老服务评估制度。

各级人民政府应当规范养老服务收费项目和标准，加强监督和管理。

第四十三条 设立养老机构，应当符合下列条件：

（一）有自己的名称、住所和章程；

（二）有与服务内容和规模相适应的资金；

（三）有符合相关资格条件的管理人员、专业技术人员和服务人员；

（四）有基本的生活用房、设施设备和活动场地；

（五）法律、法规规定的其他条件。

第四十四条 设立公益性养老机构应当向县级以上人民政府民政部门申请行政许可；经许可的，依法办理相应的登记。

设立经营性养老机构应当在工商行政管理部门办理登记后，向县级以上人民政府民政部门申请行政许可。

县级以上人民政府民政部门负责养老机构的指导、监督和管理，其他有关部门依照职责分工对养老机构实施监督。

（相关资料：）

第四十五条 养老机构变更或者终止的，应当妥善安置收住的老年人，并依照规定到有关部门办理手续。有关部门应当为养老机构妥善安置老年人提供帮助。

第四十六条 国家建立健全养老服务人才培养、使用、评价和激励制度，依法规范用工，促进从业人员劳动报酬合理增长，发展专职、兼职和志愿者相结合的养老服务队伍。

国家鼓励高等学校、中等职业学校和职业培训机构设置相关专业或者培训项目，培养养老服务专业人才。

第四十七条 养老机构应当与接受服务的老年人或者其代理人签订服务协议，明确双方的权利、义务。

养老机构及其工作人员不得以任何方式侵害老年人的权益。

第四十八条 国家鼓励养老机构投保责任保险，鼓励保险公司承保责任保险。

第四十九条 各级人民政府和有关部门应当将老年医疗卫生服务纳入城乡医疗卫生服务规划，将老年人健康管理和常见病预防等纳入国家基本公共卫生服务项目。鼓励为老年人提供保健、护理、临终关怀等服务。

国家鼓励医疗机构开设针对老年病的专科或者门诊。

医疗卫生机构应当开展老年人的健康服务和疾病防治工作。

第五十条 国家采取措施，加强老年医学的研究和人才培养，提高老年病的预防、治疗、科研水平，促进老年病的早期发现、诊断和治疗。

国家和社会采取措施，开展各种形式的健康教育，普及老年保健知识，增强老年人自我保健意识。

第五十一条 国家采取措施，发展老龄产业，将老龄产业列入国家扶持行业目录。扶持和引导企业开发、生产、经营适应老年人需要的用品和提供相关的服务。

第五章　社会优待

第五十二条　县级以上人民政府及其有关部门根据经济社会发展情况和老年人的特殊需要，制定优待老年人的办法，逐步提高优待水平。

对常住在本行政区域内的外埠老年人给予同等优待。

第五十三条　各级人民政府和有关部门应当为老年人及时、便利地领取养老金、结算医疗费和享受其他物质帮助提供条件。

第五十四条　各级人民政府和有关部门办理房屋权属关系变更、户口迁移等涉及老年人权益的重大事项时，应当就办理事项是否为老年人的真实意思表示进行询问，并依法优先办理。

第五十五条　老年人因其合法权益受侵害提起诉讼交纳诉讼费确有困难的，可以缓交、减交或者免交；需要获得律师帮助，但无力支付律师费用的，可以获得法律援助。

鼓励律师事务所、公证处、基层法律服务所和其他法律服务机构为经济困难的老年人提供免费或者优惠服务。

第五十六条　医疗机构应当为老年人就医提供方便，对老年人就医予以优先。有条件的地方，可以为老年人设立家庭病床，开展巡回医疗、护理、康复、免费体检等服务。

提倡为老年人义诊。

第五十七条　提倡与老年人日常生活密切相关的服务行业为老年人提供优先、优惠服务。

城市公共交通、公路、铁路、水路和航空客运，应当为老年人提供优待和照顾。

第五十八条　博物馆、美术馆、科技馆、纪念馆、公共图书馆、文化馆、影剧院、体育场馆、公园、旅游景点等场所，应当对老年人免费或者优惠开放。

第五十九条 农村老年人不承担兴办公益事业的筹劳义务。

第六章 宜居环境

第六十条 国家采取措施，推进宜居环境建设，为老年人提供安全、便利和舒适的环境。

第六十一条 各级人民政府在制定城乡规划时，应当根据人口老龄化发展趋势、老年人口分布和老年人的特点，统筹考虑适合老年人的公共基础设施、生活服务设施、医疗卫生设施和文化体育设施建设。

第六十二条 国家制定和完善涉及老年人的工程建设标准体系，在规划、设计、施工、监理、验收、运行、维护、管理等环节加强相关标准的实施与监督。

第六十三条 国家制定无障碍设施工程建设标准。新建、改建和扩建道路、公共交通设施、建筑物、居住区等，应当符合国家无障碍设施工程建设标准。

各级人民政府和有关部门应当按照国家无障碍设施工程建设标准，优先推进与老年人日常生活密切相关的公共服务设施的改造。

无障碍设施的所有人和管理人应当保障无障碍设施正常使用。

第六十四条 国家推动老年宜居社区建设，引导、支持老年宜居住宅的开发，推动和扶持老年人家庭无障碍设施的改造，为老年人创造无障碍居住环境。

第七章 参与社会发展

第六十五条 国家和社会应当重视、珍惜老年人的知识、技能、经验和优良品德，发挥老年人的专长和作用，保障老年人参与经济、政治、文化和社会生活。

第六十六条 老年人可以通过老年人组织，开展有益身心健康的活动。

第六十七条 制定法律、法规、规章和公共政策，涉及老年人权益重大问题的，应当听取老年人和老年人组织的意见。

老年人和老年人组织有权向国家机关提出老年人权益保障、老龄事业发展等方面的意见和建议。

第六十八条 国家为老年人参与社会发展创造条件。根据社会需要和可能，鼓励老年人在自愿和量力的情况下，从事下列活动：

（一）对青少年和儿童进行社会主义、爱国主义、集体主义和艰苦奋斗等优良传统教育；

（二）传授文化和科技知识；

（三）提供咨询服务；

（四）依法参与科技开发和应用；

（五）依法从事经营和生产活动；

（六）参加志愿服务、兴办社会公益事业；

（七）参与维护社会治安、协助调解民间纠纷；

（八）参加其他社会活动。

第六十九条 老年人参加劳动的合法收入受法律保护。

任何单位和个人不得安排老年人从事危害其身心健康的劳动或者危险作业。

第七十条 老年人有继续受教育的权利。

国家发展老年教育，把老年教育纳入终身教育体系，鼓励社会办好各类老年学校。

各级人民政府对老年教育应当加强领导，统一规划，加大投入。

第七十一条 国家和社会采取措施，开展适合老年人的群众性文化、体育、娱乐活动，丰富老年人的精神文化生活。

第八章 法律责任

第七十二条 老年人合法权益受到侵害的，被侵害人或者其代理人有权要求有关部门处理，或者依法向人民法院提起诉讼。

人民法院和有关部门，对侵犯老年人合法权益的申诉、控告和检举，应当依法及时受理，不得推诿、拖延。

第七十三条 不履行保护老年人合法权益职责的部门或者组织，其上级主管部门应当给予批评教育，责令改正。

国家工作人员违法失职，致使老年人合法权益受到损害的，由其所在单位或者上级机关责令改正，或者依法给予处分；构成犯罪的，依法追究刑事责任。

第七十四条 老年人与家庭成员因赡养、扶养或者住房、财产等发生纠纷，可以申请人民调解委员会或者其他有关组织进行调解，也可以直接向人民法院提起诉讼。

人民调解委员会或者其他有关组织调解前款纠纷时，应当通过说服、疏导等方式化解矛盾和纠纷；对有过错的家庭成员，应当给予批评教育。

人民法院对老年人追索赡养费或者扶养费的申请，可以依法裁定先予执行。

第七十五条 干涉老年人婚姻自由，对老年人负有赡养义务、扶养义务而拒绝赡养、扶养，虐待老年人或者对老年人实施家庭暴力的，由有关单位给予批评教育；构成违反治安管理行为的，依法给予治安管理处罚；构成犯罪的，依法追究刑事责任。

第七十六条 家庭成员盗窃、诈骗、抢夺、侵占、勒索、故意损毁老年人财物，构成违反治安管理行为的，依法给予治安管理处罚；构成犯罪的，依法追究刑事责任。

第七十七条 侮辱、诽谤老年人，构成违反治安管理行为的，依法给予治安管理处罚；构成犯罪的，依法追究刑事责任。

第七十八条 未经许可设立养老机构的，由县级以上人民政府民政部门责令改正；符合法律、法规规定的养老机构条件的，依法补办相关手续；逾期达不到法定条件的，责令停办并妥善安置收住的老年人；造成损害的，依法承担民事责任。

第七十九条 养老机构及其工作人员侵害老年人人身和财产权益，或者未按照约定提供服务的，依法承担民事责任；有关主管部门依法给予行政处罚；构成犯罪的，依法追究刑事责任。

第八十条 对养老机构负有管理和监督职责的部门及其工作人员滥用职权、玩忽职守、徇私舞弊的，对直接负责的主管人员和其他直接责任人员依法给予处分；构成犯罪的，依法追究刑事责任。

第八十一条 不按规定履行优待老年人义务的，由有关主管部门责令改正。

第八十二条 涉及老年人的工程不符合国家规定的标准或者无障碍设施所有人、管理人未尽到维护和管理职责的，由有关主管部门责令改正；造成损害的，依法承担民事责任；对有关单位、个人依法给予行政处罚；构成犯罪的，依法追究刑事责任。

第九章　附　则

第八十三条　民族自治地方的人民代表大会，可以根据本法的原则，结合当地民族风俗习惯的具体情况，依照法定程序制定变通的或者补充的规定。

第八十四条　本法施行前设立的养老机构不符合本法规定条件的，应当限期整改。具体办法由国务院民政部门制定。

第八十五条　本法自 2013 年 7 月 1 日起施行。

附　录

赡养协议公证细则

司法部关于印发《赡养协议公证细则》的通知

司发〔1991〕048 号

各省、自治区、直辖市司法厅（局）：

现将《赡养协议公证细则》印发给你们，请遵照
执行。

中华人民共和国司法部

1991 年 4 月 2 日

第一条　为规范赡养协议公证程序，根据《中华人民共和
国民法通则》、《中华人民共和国婚姻法》、《中华人民共和国继
承法》、《中华人民共和国公证暂行条例》、《公证程序规则（试
行）》，制定本细则。

第二条　赡养协议是赡养人就履行赡养义务与被赡养人订
立的协议。或赡养人相互间为分担赡养义务订立的协议。

父母或祖父母、外祖父母为被赡养人，子女或孙子女、外
孙子女为赡养人。

第三条　赡养协议公证是公证处依法证明当事人签订赡养

协议真实、合法的行为。

第四条　赡养协议公证，由被赡养人或赡养人的住所地公证处受理。

第五条　申办赡养协议公证，当事人应向公证处提交以下证件和材料：

（一）赡养协议公证申请表；

（二）当事人的居民身份证或其他身份证明；

（三）委托代理申请，代理人应提交委托人的授权委托书和代理人的身份证明；

（四）当事人之间的亲属关系证明；

（五）赡养协议；

（六）公证处认为应当提交的其他材料。

第六条　符合下列条件的申请，公证处应予受理：

（一）当事人及其代理人身份明确，具有完全民事行为能力；

（二）当事人就赡养事宜已达成协议；

（三）当事人提交了本细则第五条规定的证件和材料；

（四）该公证事项属本公证处管辖。

对不符合前款规定条件的申请，公证处应作出不予受理的决定，并通知当事人。

第七条　赡养协议应包括下列主要内容：

（一）被赡养人和赡养人的姓名、性别、出生日期、家庭住址；

（二）被赡养人和赡养人之间的关系；

（三）赡养人应尽的具体义务。包括照顾被赡养人衣、食、住、行、病、葬的具体措施及对责任田、口粮田，自留地的耕、种、管、收等内容；

（四）赡养人提供赡养费和其他物质帮助的给付方式、给付时间；

（五）对被赡养人财产的保护措施；

（六）协议变更的条件和争议的解决方法；

（七）违约责任；

（八）如有履行协议的监督人，应到场并在协议上签字。

第八条　公证人员应认真接待当事人，按《公证程序规则（试行）》第二十四条规定制作笔录，并着重记录下列内容：

（一）被赡养人的健康、财产、工作状况，劳动和生活自理能力及子女情况，对赡养人的意见和要求；

（二）赡养人的工作、经济状况及赡养能力；

（三）赡养人与被赡养人之间的关系，签订赡养协议的原因和意思表示；

（四）赡养人应尽的具体义务；

（五）违约责任；

（六）设立赡养协议监督人的情况；

（七）公证人员认为应当记录的其他内容。

公证人员接待当事人，须根据民法通则、婚姻法和继承法等有关法律，向当事人说明签订赡养协议的法律依据，协议双方应承担的义务和享有的权利，以及不履行义务应承担的法律责任。

第九条　赡养协议公证，除按《公证程序规则（试行）》第二十三条规定的内容审查外，还应着重审查下列内容：

（一）赡养人必须是被赡养人的晚辈直系亲属；

（二）当事人的意思表示真实、协商一致；

（三）赡养协议条款完备，权利义务明确、具体、可行，协议中不得有处分被赡养人财产或以放弃继承权为条件不尽赡养义务等，侵害被赡养人合法权益的违反法律、政策的内容；

（四）协议监督人应自愿，并有承担监督义务的能力；

（五）公证人员认为应当查明的其他情况。

第十条 符合下列条件的赡养协议，公证处应出具公证书：

（一）当事人具有完全民事行为能力；

（二）委托代理人的代理行为合法；

（三）当事人意思表示真实，自愿；

（四）协议内容真实、合法，赡养人应尽的义务明确、具体、可行，协议条款完备，文字表述准确；

（五）办证程序符合规定。

不符合前款规定的，应当拒绝公证，并在办证期限内将拒绝的理由通知当事人。

第十一条 被赡养人不具有完全民事行为能力，应由赡养人之间共同签订赡养协议，并参照本细则规定办理公证。

第十二条 办理兄、姐与弟、妹之间的扶养协议公证，可参照本细则规定。

第十三条 本细则由司法部负责解释。

第十四条 本细则自一九九一年五月一日起施行。

赡养老人的有关法律规定

（本文为参考资料）

中国《婚姻法》规定：子女对父母有赡养扶助的义务，子女不履行赡养义务时，无劳动能力或生活困难的父母，有要求子女付给赡养费的权利。子女对父母的赡养义务，不仅发生在婚生子女与父母间，而且也发生在非婚生子女与生父母间，养子女与养父母间和继子女与履行了扶养教育义务的继父母之间。

《老年人权益保障法》第 11 条规定，赡养人应当履行对老年人经济上供养、生活上照料和精神上慰藉的义务，照顾老年人的特殊需要。所以完整的赡养义务包括物质供养，精神慰藉，生活照料 3 个方面。

第一，应当妥善安排老年人的住房，不得强迫老年人迁居条件低劣的房屋。老年人自有的或者承租的住房，子女或者其他亲属不得侵占，不得擅自改变产权或者租赁关系。老年人的自有住房，赡养人有维修的义务。

第二，赡养人不得要求老年人承担力不能及的劳动。

第三，赡养人不得以放弃继承权或者其他理由，拒绝履行赡养义务。赡养人不履行赡养义务，老年人有要求赡养人付给赡养费的权利。老年人的婚姻自由受法律保护。子女或者其他亲属不得干涉老年人离婚、再婚及婚后生活。赡养人不得因老年人的婚姻变化而消除。

第四，子女不仅要赡养父母，而且要尊敬父母，关心父母，在家庭生活中的各方面给予扶助。当年老、体弱、病残时，更应妥善加以照顾，使他们在感情上得到慰藉，愉快地安度晚年。

如何追究子女不履行赡养父母的法律责任？

需要赡养的父母可以通过有关部门进行调解或者向人民法院提起诉讼。人民法院在处理赡养纠纷时，应当坚持保护老年人的合法权益的原则，通过调解或者判决使子女依法履行赡养义务。对负有赡养义务而拒绝赡养，情节恶劣构成遗弃罪的，应当承担刑事责任。

我国《老年人权益保护法》第11条规定："赡养人是指老年人的子女以及其他依法负有赡养义务的人。子女，是指婚生子女、非婚生子女、养子女和依法负有赡养义务的继子女。其他依法负有赡养义务的人，是指老年人的孙子女、外孙子女。

一、子女

我国《婚姻法》第21条规定："子女对父母有赡养扶助的义务。"实践中，以下与子女履行赡养义务有关的六个问题需要明确：

（一）父母无力抚养幼年时的子女的，子女独立后应当履行赡养义务

虽然《婚姻法》为父母子女间规定了互相扶养的对等的权利义务，但这并不是说这两个权利是必须"等价交换"的，子女不能将父母是否对其履行了抚养教育义务作为自己履行赡养父母义务的前提。因此，子女对老年父母的赡养义务不得以此为由而解除。

（二）因父母的错误行为给子女造成心灵、身体伤害的，子女是否有赡养老年父母的义务

父母在抚养子女过程中，他们的一些一般性错误行为曾给

子女造成心灵伤害的，子女成年之后，应当自觉履行赡养老年父母的义务。但是，父母犯有严重伤害子女感情和身心健康的罪行的，原则上丧失了要求被害子女赡养的权利。这些情形包括：父母犯有杀害子女的罪行的，父亲奸污女儿的，父母犯有虐待、遗弃子女罪行的等等。

（三）没有经济收入的已嫁女儿有无赡养义务

出嫁女儿本人没有收入的，不能作为拒绝履行赡养老年父母义务的理由。因为她们从事的家务劳动与丈夫谋取生活资料的劳动具有同等价值，其丈夫劳动所得的收入属夫妻共同财产，夫妻双方对夫妻共同财产有平等的处分权，可从夫妻共同财产中支付赡养费。

（四）赡养父母不能以"分家析产"为条件

子女赡养父母是法定义务，不受父母有无财产、是否分过家以及分家是否公平的影响。

（五）子女怎样分担赡养扶助义务

父母有多个子女的，应当共同承担赡养扶助父母的义务；每位子女承担义务的多少，应当根据各个子女的生活、经济条件进行协商。子女不能以父母对其年幼时的关心、疼爱程度或者结婚时资助的多少作为砝码来衡量赡养扶助义务的多少。

至于赡养扶助父母的方式，可视具体情况而定，对于不在父母身边的子女，可定期支付一定数额的赡养费；与父母共同生活的子女还应当经常关心、照料父母的生活；当父母由于生病，生活不能自理时，子女除应分担为其治病所需的医药费、手术费、住院费等外，还应承担照顾、护理父母的义务。

（六）儿子（女儿）去世后儿媳（女婿）是否有赡养公婆（岳父母）的义务。

儿媳（女婿）与公婆（岳父母）的关系是因婚姻而成立的

姻亲关系。儿子（女儿）去世后，因儿子（女儿）与媳妇（女婿）的婚姻关系消灭而使得儿媳（女婿）与公婆（岳父母）的姻亲关系亦不复存在。

儿媳（女婿）是否承担赡养公婆（岳父母）的义务，我国法律未作明确规定。因此，不能强令儿媳（女婿）承担此项义务。

二、继子女

继父母和继子女的关系，是因子女的生父或生母再婚而形成的。

《婚姻法》第 27 条第 2 款规定："继父或继母和受其抚养教育的继子女间的权利和义务，适用本法对父母子女关系的有关规定。"

根据该法关于父母子女关系的规定，继父母与受其抚养教育的继子女之间产生以下权利义务关系：

继父母有扶养教育继子女的义务；

继父母有管教保护未成年继子女的权利义务；

继子女有赡养扶助继父母的义务；

继父母继子女有相互继承遗产的权利。

实践中，以下两个问题需要明确：

（一）生父母与继父母离婚后，受继父母抚养教育的继子女应当履行赡养义务

《婚姻法》规定，继父母与继子女间的权利义务关系，与父母子女间的权利义务关系相同。

当生父母与继父母离婚后，虽然继父母子女关系不再存在，但是，继子女受继父母抚养的事实不能消失，继父母与继子女之间已形成的权利义务关系不能自然终止。

因此，当生父母与继父母离婚后，受继父母抚养教育长大

成人且有负担能力的继子女，对年老体弱、生活困难的继父母应尽赡养抚助的义务。

（二）继子女对未尽抚养义务的继父母是否有赡养义务

继父母子女关系是由于生父或生母再行结婚，子女与继母或继父之间形成的关系。

根据法律规定，继父母和未受其抚养教育的继子女之间，形成的是姻亲关系，相互间并无权利义务关系。

因此，未受继父母抚养教育的继子女，没有赡养继父母的法定义务。但是，对于继子女主动承担赡养扶助义务的行为应当予以鼓励和支持

三、其他依法负有赡养义务的人

《婚姻法》第28条规定，有负担能力的孙子女、外孙子女，对于子女已经死亡或者子女无力赡养的祖父母、外祖父母有赡养义务。

由此可见，孙子女、外孙子女对祖父母、外祖父母产生赡养义务应满足两个条件：

（一）孙子女、外孙子女须有负担能力

无负担能力的孙子女、外孙子女，如未成年人或精神病人，就无法承担赡养祖父母、外祖父母的责任。

（二）祖父母、外祖父母的子女已经死亡或者子女无力赡养，而且本人需要赡养

对有固定收入或其他经济来源，生活上完全可以自理的祖父母、外祖父母，其孙子女、外孙子女即可以免除赡养义务。

祖父母、外祖父母的子女尚在，但已丧失赡养扶助能力的，其孙子女、外孙子女也应承担此项义务。

四、赡养费的支付

赡养老人有很多种方式，其中支付赡养费就是一个主要的

赡养方式，赡养人应承担的赡费按以下方法计算：

（一）确定赡养费标准时，应该考虑哪些因素

人民法院认定赡养费的标准包括：当地的经济水平、被赡养人的实际需求、赡养人的经济能力。

（二）在赡养费计算中，应当包括哪些方面的费用

要知道，老人的赡养费咋算，就得首先知道，支付的赡养费都包括哪些费用。法定赡养费的给付内容主要有：

1. 老年人基本赡养费。主要包括老年人必然发生的衣、食费用及日常开支；

2. 老年人的生病治疗费用。老年人为赡养纠纷起诉至法院时，人民法院对其已经发生的医疗费及已患一些慢性病将来必需支出的相对确定的药费，应当作为给付内容确定由赡养人承担。而对今后可能发生的大额医疗费，其发生金额、时间处于不确定状态。故一般不能判决支持老年人将来可能发生的大额医疗费的请求。从维护老年人合法权益、减轻老年人讼累角度考虑，此法可行。

3. 生活不能自理老人的护理费用。如果老年人生活不能自理的，其子女有义务照料其基本生活，但其因故不能亲为时，他人或养老机构代为照料发生的有关费用应由子女支付。

4. 老年人的住房费用。赡养人有义务妥善安置老年人的住房。在其无房可供老人居住老人又无自住房的，则应将合理房租费用一并计算在赡养费内。

5. 必要的精神消费支出。对老人精神赡养已成为不争的法律原则，但理论界及审判实务中对能否判决精神赡养以及如果判决如何执行一直存疑。笔者认为，精神慰藉的作为义务固然难以判决执行，但对老人最基本的精神享受物化支出如有线电视、收音机、书报等费用是完全可以作为赡养费给付内容确定

由义务人承担。

6. 必要的保险金费用。除了社保外，老年人必要的医疗等保险金的支出亦应为赡养费用。保险不仅为老年人提供了最大限度的保护，也为子女分担了很大的风险，非常值得提倡。

对很多老人来说，赡养费关系着自身晚年生活的质量好坏。

（三）赡养费怎么计算

首先计算子女家庭的人均月收入，子女人均月收入低于最低生活保障线时，视为该子女无力向父母提供赡养费，可以不计算。子女家庭人均月收入高于最低生活保障线时，超出部分，二个子女以内的按 50% 计算赡养费；三个子女以上的按 40% 计算赡养费。应付的赡养费除以被赡养人数得出付给每个被赡养人的赡养费。

（四）部分赡养费的标准如何确定

1. 对于老年人的基本赡养费，可以设各地居民人均消费支出及各地低保补助为上、下限，结合赡养人收入 M 的比例（如 20% 左右）进行计算。即按赡养人收入一定比例所得数额（如 M * 20%）对照前述上、下限，如该数额在此区间内的则以该数额确定赡养费标准，如该数额高于或低于上、下限的，则以上限或下限确定为赡养费标准。

2. 对老年人生病发生的医疗费，除保险理赔外，其余费用应按医疗部门的票据额计入赡养费中。

3. 对因生病或年老体弱生活不能自理而子女无法照料的，应将护理费用计算在赡养费内，而这一费用将根据有关养老机构证明或当地一般雇佣人员标准计算

4. 对于老年人的住房费用、必要的精神消费支出和必要的保险金费用应当以相应支出发票为据计算赡养费用。

（五）赡养费怎么给

实际给付额高于上述计算标准的，按实际给付额计算；实际给付额低于上述计算标准的，按上述计算标准计算。也就是说，上面给出的赡养费给付标准是一个最低标准，如果子女给父母的比这个标准要多，那就按照多的给；如果子女给父母的赡养费比这个标准还要低，那么就必须提到这个标准上来支付赡养费。

赡养应该遵循的原则

（本文为参考资料）

一、赡养人不分男女都有赡养被赡养人的义务，各赡养人应积极履行对被赡养人经济供养、生活照料和精神慰藉的义务。

赡养人应尊重被赡养人的生活习惯、宗教信仰、隐私，禁止侮辱、诽谤、殴打、虐待和遗弃被赡养人。赡养人的配偶应当协助赡养人履行赡养义务，赡养人家庭成员应尊重、照顾被赡养人。被赡养人所需的各项赡养费用和物资由赡养人根据各自的经济状况协商负担。

二、被赡养人在身体健康、经济条件允许的情况下，按照自愿、量力的原则，给赡养人及家庭以帮助，酌情减轻赡养人的负担。

被赡养人在力所能及的情况下可以给予赡养人一定的帮助，但赡养人不得要求被赡养人承担不愿意或力不能及的劳动。

三、被赡养人的房产权、房屋租赁权和居住权受法律保护。

未经被赡养人同意或者授权，赡养人及其配偶、子女不得强占、出卖、出租、转让或者拆除。经被赡养人同意由赡养人出资翻建的，应当明确被赡养人享有的产权和居住权。

四、赡养人不得强行将有配偶的被赡养人分开赡养。

赡养人应当尊重被赡养人的婚姻自由，被赡养人有权携带自有财产再婚；赡养人及其家庭成员不得以被赡养人的婚姻关系发生变化为由，强占、分割、隐匿、损毁属于被赡养人的房屋及其他财产，或者限制被赡养人对其所有财产的使用和处分。被赡养人再婚的，赡养人仍有赡养的义务，不得以此为借口不尽赡养义务。

五、被赡养人有权依法继承配偶、父母、子女的遗产和接受遗赠。

被赡养人的财产依法由被赡养人自主支配，赡养人及其配偶、子女不得向被赡养人强行索取。赡养人中经济条件较好的，可以对被赡养人适当多增加赡养费，经济条件较差的，在征得被赡养人和其他赡养人同意的情况下可以适当减少赡养费。

赡养纠纷案例分析

（本文为参考资料）

案例一

（一）基本案情

原告唐某某出生于 1924 年 8 月，现年 90 岁。被告唐某甲、唐某乙、唐某丙、唐某丁、唐某戊等 5 人系原告唐某某的子女。原告与妻子郑某某现因年老而无劳动能力，每月仅享有 200 元老年补贴及 50 元移民费，合计每月收入 250 元，无其他收入来源。日常生活、疾病医疗等均需要唐某甲等 5 子女照顾和赡养，但由于 5 子女之间就赡养事宜不能达成一致意见，致使原告及妻子郑某某的赡养事宜始终不能得到具体实现。为此，在亭口村、天目山镇等部门也多次协调，但都未有结果。故原告唐某某于 2015 年 5 月 14 日向法院起诉，要求唐某甲等 5 人履行赡养义务，每月支付赡养费 1000 元，共同承担原告起诉日后的医疗费等开支。

被告人唐某甲等 5 人分别提出如承担赡养责任，需父母名下的田地、确定赡养费用管理人等理由。

（二）裁判结果

浙江省临安市人民法院生效裁判认为：赡养老人是中华民族传统美德，也是法律规定子女应尽的义务。现原告唐应成年事已高，已丧失劳动能力，依法享有要求子女支付赡养费的权利，作为成年子女，不得以任何理由对赡养义务附加任何条件。原告每月虽有 250 元补贴收入，但综合考虑当地的生活消费性支出及当事人的实际情况，原告要求五被告共同承担赡养费（包括今后的医疗费用）的诉讼请求，符合法律规定，本院予以支持。

法院判决：自 2015 年 5 月起，被告唐某甲等 5 人每人每月各应支付原告唐应成生活费 200 元。

（三）典型意义：家庭美德

当今农村的经济条件越来越好，政府养老政策也比较健全，但在农村地区，赡养纠纷仍时有发生。有的原因在于一些农村地区仍有"儿子养老"的老观念存在。认为女儿、女婿为外姓人，可以不承担养老义务。但法律规定子女都有赡养父母的义务，女儿并不会因为出嫁就不需要赡养自己的父母。还有一些子女为赡养义务附加条件，如将赡养和分家产等问题联系在一起，分不到父母财产的子女即不履行赡养义务。但事实上，赡养是法定的义务，子女不能以任何理由来免除其应该尽到的赡养义务。因为本案在农村地区具有一定的典型意义，在审理时，法院特别选定在村文化礼堂进行巡回审判，安排法官当场进行判后释疑。庭审活动吸引了当地数百村民参加旁听，达到了审理一案、教育一片的效果。

案例二

谢某、李某夫妇因儿子不履行房屋赠与合同中约定的赡养义务，将儿子告上法庭。近日，湖南省邵阳市大祥区人民法院审理了这起附义务赠与合同纠纷案，依法判决解除赠与合同，被告谢小某将房屋返还给原告谢某、李某，并协助办理好房屋产权变更登记手续。

2012 年 11 月 9 日，谢某、李某夫妇和其儿子谢小某签订《赠与合同》，约定谢某、李某将一套房屋赠与谢小某，谢某、李某今后生养病老的一切责任均由儿子谢小某承担，并在公证处办理了公证书。但在 2015 年 5 月以后，谢小某不再支付谢某、李某的生活费和医药费，谢某夫妇起诉至法院。

法院审理认为：合同法第 190 条规定："赠与附义务的，受赠人应当按照约定履行义务。"原告赠与房屋的目的就是要求受赠人能够负责其"生养病老"，而被告无论是作为受赠人还是以原告儿子的身份，对原告的生养死葬均负有不可推卸的责任。2015 年 5 月以后，被告不向原告支付生活费、医药费的行为违反了《赠与合同》的约定，以其实际行为表明不履行《赠与合同》约定的附义务。法院遂依法作出上述判决。

案例三

88 岁的老母亲与 4 名子女对簿公堂，只是为了让孩子能照顾她。巢湖市法院作出了判决，4 名子女被判轮流照顾。

88 岁的林奶奶膝下有 3 个儿子和 1 个女儿。她诉称，因为丈夫去世多年，她含辛茹苦将 4 个孩子抚养成人，子女目前生活状况殷实，现在她因年老体衰丧失劳动能力并且有病在身，向子女主张赡养权利但没有结果。为维护合法利益，老人不得不诉至法院，请求判令子女赡养她。

林奶奶的 3 个儿子没有进行答辩。其女儿称，她没有经济来源，没有能力赡养母亲，若母亲生病卧床，她愿意轮流服侍。

巢湖市法院审理认为，林奶奶已经年满 88 周岁，丧失劳动能力，需要子女赡养。老人的 4 个子女，均未满 60 周岁，具有劳动能力，均应承担赡养义务。4 个子女在各自负责的赡养期内，应妥善安排好老人的衣食起居，履行经济上供养、生活上照料和精神上慰藉的法定义务。法院判决，林奶奶由 4 位子女依次轮流赡养，每人的赡养期为两个月，赡养期间，由赡养人负责老人的衣食起居，医疗费用首先由老人从自身积蓄中予以承担，不足部分，由 3 名儿子平摊。

案例四

原告牛某英与戚某华生有二子一女。1984 年，牛某英与戚某华发生家庭矛盾后离家出走，所生女牛某玲（已去世）随牛某英生活并由其抚养，所生子戚某杨、戚某山随戚某华生活并由其抚养。1986 年 1 月，同镇居民刘某权与牛某英结婚后，其子刘某峰、女刘某蓉则随同一起生活。2000 年 8 月，牛某英与刘某权经法院调解离婚后独自生活，地方政府每月给付生活费 120 元。2012 年 10 月，牛某英以刘某峰、刘某蓉未尽赡养义务为由向法院提起诉讼。经法院主持调解，刘某峰、刘某蓉每人每年给付牛某英赡养费 970 元。2016 年 4 月，牛某英又以要求戚某杨、戚某山、刘某峰、刘某蓉每人每月给付赡养费 1000 元为由，再次向法院提起诉讼。

江苏省淮安市淮安区人民法院经审理认为，赡养父母是子女应尽的义务，不因任何事由而发生改变，子女不履行赡养义务时，无劳动能力或生活困难的父母有要求子女给付赡养费的权利。原告牛某英系被告戚某杨、戚某山的母亲，现因年老丧失劳动能力，被告戚某杨、戚某山理应承担赡养义务，其二人以原告未对自己尽抚养义务为由提出不应承担赡养费，无法律依据，法院不予支持。依照《中华人民共和国婚姻法》第二十一条第一、三款，《中华人民共和国老年人权益保障法》第十四条之规定，判决四被告每人每月承担牛某英生活费 200 元。

宣判后，原、被告均未提起上诉，判决已发生法律效力。

评析：本案的争议焦点是：母亲因与父亲离婚而出走，致未能履行对未成年子女的实际抚养义务，而在母亲与他人缔结新的婚姻关系后，与新家庭的两个未成年子女形成具有抚养关系的继子女与继父母关系，在继子女已经部分履行赡养义务的情况下，未受抚养的子女是否仍应承担赡养责任？

1. 对父母赡养是法定义务，不以父母是否抚养为前提

赡养是因婚姻、血缘或收养关系所派生出来的法定的权利义务，是指子女对丧失劳动能力、生活不能自理又无其他生活来源的父母在经济上供养、生活上照料和精神上慰藉的义务。子女对父母履行赡养扶助义务，既是我国多部法律的明确规定，也是公民对家庭和社会应尽的责任。对于不履行赡养义务的子女，法律赋予无劳动能力或生活困难的父母，有要求子女付给赡养费的权利。对于父母对子女的抚养，虽是父母的应尽义务，但此两项义务并非相互依据的对向性关系，子女对父母的赡养并不以父母履行了抚养义务而成立，即子女履行的赡养义务不以父母履行抚养义务为前提，它体现了我国法律对老年人这一特定社会弱势群体的保护，可以说它既是一项法律规定义务，也是我国传统伦理道义的一种要求，任何人都不能以被赡养人有过错、放弃继承权或其他任何理由、任何附加条件推卸责任，改变自己的赡养义务。

2. 赡养及抚养的特殊情形

我国婚姻法第二十一条规定，父母不履行抚养义务时，未成年的或不能独立生活的子女，有要求父母付给抚养费的权利，同时规定禁止父母溺婴、弃婴和其他残害婴儿的行为。刑法也有关于负有抚养义务的父母对年幼、没有独立生活能力的子女拒绝抚养，情节恶劣构成遗弃罪的规定，结合其他相关法律规定，如果父母犯有严重伤害子女感情和身心健康的罪行的，原则上可能丧失要求被害子女赡养的权利。但从本案来看，牛某英并无对所生两个儿子有溺婴、弃婴和残害行为以及犯有严重伤害子女感情和身心健康的罪行，其与戚某华离婚后，因生活环境的改变，二人对子女抚养方式必然有所变化，夫妻双方原来对子女的共同直接抚养不得不改变为一方的单独直接抚养，

可以说牛某英对女儿的抚养和戚某华对两个儿子的直接抚养既体现了我国社会男子传宗接代的传统思想，也体现了父母双方在抚养子女上的责任分工，这种分工要求父母一方各自承担将己方所抚养子女抚养至独立生活，他方非遇特别情况无须另行承担。事实上，在我国广大农村，一方对另一方所直接抚养的子女再行承担抚养职责不仅在经济上难以做到，而且受到新组建家庭和社会风俗等多方面制约。可以说牛某英对牛某玲的单独抚养与戚某华对戚某杨、戚某山的单独抚养都是父母双方对所生子女抚养的重要组成部分，并不属于牛某英对戚某杨、戚某山有条件抚养而拒绝抚养的情况。

3. 具有共同履行的赡养义务

赡养义务具有人身专属性，生子女对生父母的赡养义务因血缘关系而成立，继子女对继父母的赡养义务则是因继父母的婚姻关系存续期间对继子女的抚养关系而形成，虽然形成时间和原因不同，但都不能以父母或继父母的婚姻关系解除而消灭，也不因血缘的远近和抚养义务的多少而产生赡养义务多寡和先后的区别，他们是同等责任、同时履行。我们既不能片面要求生子女承担主要赡养义务，继子女承担次要义务，也不能强调继子女由于得到更多的抚养而承担更多的责任，而应当从各义务人的自身职责出发，秉承合法、合情的原则，由他们共同平等地承担赡养责任，以有利于正当、合理、有效地解决矛盾纠纷。

案例五

张老汉年逾古稀，生活困难，其儿子拒绝支付每月200元的赡养费。无奈之下，张老汉到法院申请强制执行。昨天上午记者从通州法院获悉，法院将老人的儿子张某录入失信被执行人名单，后张某因无法正常出行，主动到法院承认错误并履行赡养义务。

张老汉已年逾古稀,年老多病,无收入来源,生活极为困难。张某系其亲生儿子,理应承担法定赡养义务。但张某虽有能力给付,却找种种借口不给付赡养费用。2011年9月,法院判决张某每月向父亲支付200元生活费用。判决生效之后,张某一直未履行义务。

2015年9月,张老汉向法院申请强制执行,要求儿子支付共计10000元的赡养费。

执行中,法官多次与张某电话联系,希望他能念及亲情,主动履行赡养义务。一开始张某态度积极,承诺不需要法院执行,会主动将钱送到父亲家。后经核实,张某系再三推脱,找各种理由不主动履行。而此后,张某还将法院电话拉入黑名单。

无奈之下,法官多方打听了解到张某系某旅游公司职员,长期从事国内国际旅游的导游工作。因此,依据《民事诉讼法》第二百五十五条规定,将本案被执行人张某录入全国法院失信被执行人名单。根据最高法院相关规定,一旦被录入全国法院失信被执行人名单,被执行人无法乘坐飞机、高铁、动车二等座。

次日,张某因无法购买飞机票主动来到法院询问情况。法官首先向其解释了失信被执行人名单的相关法律规定,并告知拒不履行生效文书的法律后果。经过劝导,张某表示日后会积极主动履行赡养义务。

案例六

小伟与小丽是一对结婚5年的夫妻,这天小伟到法院来起诉,要求与小丽离婚。据小伟讲述,小伟与小丽2009年经人介绍认识,随即两人开始恋爱,恋爱过程中小丽对小伟嘘寒问暖、百般温柔,两人感情非常甜蜜,并于2010年步入了婚姻殿堂。

婚后小丽搬到了小伟家，与小伟及小伟的母亲同住。三个人刚开始一起生活的时候，小丽与小伟及婆婆的感情尚可，但时间一长，小丽总是和婆婆发生争执，现在婆婆和小丽说话，小丽都不搭理了。

这件事不可避免地牵涉到小伟，小伟夹在小丽和妈妈中间是左右为难。小伟觉得，大家长时间在一起生活难免有磕磕碰碰，无论小丽和小伟的母亲发生什么矛盾，小丽作为小辈，都应该主动道歉，然而小丽并没有做到这一点，到现在小丽连一声"妈"都不叫了。小伟的父亲去世早，是母亲辛苦把自己拉扯大，现在小伟因为感受不到小丽对自己母亲的尊重和照顾，从而跟小丽的感情也越来越淡，希望跟小丽离婚。

法庭跟小丽谈话时，小丽认可了小伟的部分说法。她承认自己跟婆婆现在确实是感情不和，自己也曾努力修复过与婆婆的关系，但因媳妇与婆婆之间天然的屏障，双方在交流中总觉得哪里不对，时间长了，自己也不愿意跟婆婆交流了。现在自己跟婆婆处于冷战中，但自己没有意识到这件事情的严重性，没想到小伟竟然因为这件事来法院起诉要求与自己离婚。小丽不同意离婚，她表示会重新反思与婆婆的相处之道。

在调解过程中，小伟考虑到小丽曾经对自己很好，在自己生病时曾在医院连续多天熬夜照顾自己等事实，自愿申请撤回起诉离婚的请求，但是希望小丽能努力维持好和自己母亲的关系。

虽然小伟自愿撤回离婚申请，但法庭还是教育小丽应当更加孝敬婆婆。

从法理上说，《中华人民共和国老年人权益保障法》规定，家庭成员应当尊重、关心和照料老年人，赡养人的配偶应当协助赡养人履行赡养义务，赡养人应当履行对老年人经济上供养、生活上照料和精神上慰藉的义务。

可见小丽作为儿媳妇，也具有赡养婆婆的义务。这里的赡养并不是说婆婆吃喝不愁，小丽就尽到了赡养的义务，还应该给老人提供精神上的慰藉，小丽在婆婆和自己说话时不予搭理、长时间和婆婆冷战，与老年人权益保障法的立法精神相违背。

从情理上说，婆婆给予小伟生命，并在小伟的父亲去世后一个人含辛茹苦把小伟拉扯大，现在小伟长大并结婚，小丽作为儿媳，理应和小伟一起为婆婆提供一个温馨的家庭生活氛围，而不是长时间不搭理老人、和老人冷战。

小丽最后表示听取小伟和法庭的意见，会努力修复与婆婆的关系。

案例七

2009 年，男子张某明当着众多亲戚的面与父亲断绝了父子关系，并从此拒绝对父亲尽赡养义务。2016 年，重庆市丰都县人民法院对这起赡养费纠纷案件作出一审判决，判张某明败诉，每月向父亲支付赡养费 500 元。

75 岁的张大爷（早年丧妻）系丰都县某村村民，有两个儿子，即大儿子张某明，小儿子张某飞。大儿子张某明成家后另立门户，张大爷一直与小儿子张某飞居住。7 年前，因小儿子要结婚，张大爷拿出自己的积蓄给其在城里买了套房子。大儿子张某明觉得父亲偏袒弟弟，就隔三岔五地跟张大爷闹，后来甚至把所有的亲戚都叫到一起，声明要跟张大爷断绝父子关系。张大爷为此也极为苦恼，在接下来的 7 年内双方互不来往。

近日，张大爷将大儿子张某明告上法庭，要求其承担赡养义务，每月支付自己赡养费 500 元，而张某明则声称自己已经和张大爷断绝了父子关系，不应再承担赡养义务。

法院审理后认为，声明断绝父母子女关系没有任何法律依据，依法不受法律保护，故作出了上述判决。

父母子女关系，法律上指父母与子女间权利义务的总和，又称亲子关系。自然血亲的父母子女关系是基于子女的出生事实而产生的，是不能通过法律程序或其他方式人为地解除的，只能因父母子女一方的死亡而终止。如我国婚姻法规定："父母与子女间的关系，不因父母离婚而消除。"所以有关脱离自然血亲关系的声明当然也是无效的。婚姻法第二十一条规定："子女对父母有赡养扶助的义务。子女不履行赡养义务时，无劳动能力的或生活困难的父母，有要求子女给付赡养费的权利。"该条规定明确了子女应当履行对父母的赡养义务，且不得以任何理由予以推卸。所以上述案件中，张某明拒绝对张大爷履行赡养义务于法无据，得不到法律支持。

案例八

1986年，陈某与朱某登记结婚，朱某是再婚，带着一对儿女与陈某共同生活。1991年、1993年，朱某带来的儿女相继离家外出打工，2012年2月，朱某去世。上了年纪的陈某没有经济来源，生活困难，而三个子女都不愿赡养自己，无奈，他将与自己没有血缘关系的这对儿女告上法庭。

山东省临沂市南安县人民法院经审理认为：根据我国法律规定，子女对父母有赡养扶助的义务，继父母和受其抚养教育的继子女之间的权利义务与亲生父母子女关系一致。具体到本案中，被告徐某、徐某艳随其母朱某与原告陈某长期共同生活，接受原告的抚养教育，与原告之间形成继父母子女关系，被告徐某、徐某艳对原告陈某负有赡养义务。现在原告身患疾病、生活困难，且二被告均已成年，具有赡养能力，原告的诉讼请求事实清楚，证据充分，应该予以支持。赡养费标准如何确定呢？法院以统计部门发布的上年度当地农民年均生活消费支出为基准，考虑被告徐某、徐某艳与原告陈某的共同生活时间、感情因素及二被告目前的经济状况，酌定被告徐某、徐某艳负担赡养费数额每人每年 1500 元。

友善是社会主义核心价值观的要求。人与人之间应该倡导一种爱的循环。赡养老人是中华民族几千年来的传统美德，是人与人之间关爱代际相传的体现。当前，做好农村老人赡养工作长期而艰巨，在司法实践中，继父母的赡养问题更加复杂。法律规定，继父母与继子女之间有抚养关系的，继子女必须对继父母承担赡养义务，确保老人安度晚年。正确认识继父母子女之间的这一关系性质，适用有关法律对继父母子女关系进行全面调整，对弘扬社会主义核心价值观，维护社会和谐稳定具有现实意义。

案例九

（一）基本案情

原告陈某臻与朱某芸于 1986 年经政府登记结婚，朱某芸系再婚，1987 年，朱某芸带徐某磊（1975 年 6 月 8 日出生）、徐某艳（1978 年 2 月 10 日出生）到山东省南安县文疃镇乌拉哈达村与原告陈某臻共同生活。1990 年 5 月 13 日，陈某臻、朱某芸生育一子陈某程。1991 年被告徐某磊离家外出打工，1993 年被告徐某艳离家外出打工。2012 年 2 月，朱某芸去世。原告陈某臻由于年事已高，且没有生活来源，基本生活困难。因三被告拒不履行赡养义务，原告陈某臻遂诉来本院，请求处理。

（二）裁判结果

山东省临沂市南安县人民法院经审理认为：根据我国法律规定，子女对父母有赡养扶助的义务，继父母和受其抚养教育的继子女之间的权利义务与亲生父母子女关系一致。具体到本案，被告徐某磊、徐某艳随其母朱某芸与原告陈某臻长期共同生活，接受原告的抚养教育，与原告之间形成继父母子女关系，被告徐某磊、徐某艳对原告陈某臻负有赡养义务。现原告身患疾病、生活困难，且三被告均已成年，具有赡养能力，原告的诉讼请求事实清楚，证据充分，本院予以支持。本案原告的赡养费标准应以统计部门发布的上年度当地农民年均生活消费支出为基准，考虑被告徐某磊、徐某艳与原告陈某臻的共同生活时间、感情因素及二被告目前的经济状况，本院酌定被告徐某磊、徐某艳负担的赡养费数额以每人每年1500元为宜。被告陈某程系原告陈某臻的亲生儿子，其对原告陈某臻负有当然的赡养义务，其自愿按照原告的请求以每年3600元的标准负担赡养费，本院予以确认。

山东省临沂市南安县人民法院依照《中华人民共和国婚姻法》第二十一条、第二十七条之规定，作出如下判决：

（1）被告陈某程于自2014年起，于每年的6月1日前支付给原告陈某臻当年度赡养费3600元。

（2）被告徐某磊、徐某艳自2014年起，于每年的6月1日前分别支付给原告陈某臻当年度赡养费1500元。

（三）典型意义

赡养老人是中华民族的传统美德，做好农村老人赡养工作是个长期而艰巨的任务，而继父母的赡养问题更加复杂。当前农村存在很多继父母与继子女之间的关系。继父母与继子女间的关系问题，是一个较为敏感的社会问题。正确认识继父母子女的关系性质，适用有关法律对继父母子女关系进行全面调整，具有重要的社会意义。

法律规定，继父母与继子女之间有抚养关系的，继子女必须对继父母承担赡养义务。针对继父母这一特殊群体，法官应不断分析新情况、探索新办法、解决新问题，及时维护农村老人的合法权益，确保老人安度晚年，真正做到案结事了人和。

案例十

（一）基本案情

李某福今年65岁，与妻子育有两子，李甲和李乙。2001年妻子去世后，李某福一直未再婚，一人独居。后因土地被征收，李某福获得了政府各项补偿款近20万元。在过渡安置期间，李某福与李甲一起居住生活。现李某福以自己年老体弱、无生活来源为由向重庆市江北区人民法院提起诉讼，要求李甲和李乙每人每月支付其生活费500元；另如果将来生病产生住院医疗费，两个儿子各承担50%。

李甲辩称，虽然自己身患残疾，妻子也长年患病，但他愿意与父亲同住。如果父亲坚持独居，他愿意每月支付500元生活费。如果将来父亲生病住院，他愿意承担一半医疗费。

李乙辩称，希望父亲与自己共同生活，但目前自己经济压力很大，每月只能支付父亲200元生活费。如果父亲将来住院，应当先由父亲用存款支付，不足部分自己承担50%。

（二）裁判结果

法院经审理认为，子女对父母有赡养扶助的义务。李某福年事已高，没有劳动能力，其有权利要求成年子女对自己进行赡养。李某福在土地被征收后，虽然获得各项补偿款近20万元，但他没有自有房屋居住，需要租赁或购买房屋，同时还需要购买日常生活资料。李某福目前每月领取养老保险金605元，参照重庆市上年度城镇居民人均消费性支出标准，李甲和李乙每人每月还应当向李某福支付300元生活费。李甲明确表示愿意支付500元，法院予以确认。另李某福并未举示证据证明其产生了住院医疗费，可在实际产生费用后另行向义务人主张。综上，法院判决李甲每月向李某福支付生活费500元，李乙每月向李某福支付生活费 300 元，驳回李某福其他诉讼请求。

（三）典型意义

随着社会经济发展，年轻人生活压力不断增大，面对资源相对有限的现实，相继出现"啃老族"、"不管族"。"啃老族"在工作成家后，依然向父母伸手要钱；"不管族"念在父母有存款或者有生活来源，不履行赡养义务，任凭老人"自生生灭"。《婚姻法》第二十一条规定，子女对父母有赡养扶助的义务，子女不履行赡养义务时，无劳动能力或生活困难的父母，有要求子女付给赡养费的权利。《老年人权益保障法》第十四条规定，赡养人应当履行对老年人经济上供养、生活上照料和精神上慰藉的义务，照顾老年人的特殊需要。因此，子女不能因为父母有存款或者有一定的经济来源就完全将父母置之不顾，这不仅违反法律规定，也不符合中华民族"百善孝为先"的传统美德。在日常生活中，我们应当在物质上、精神上、生活上给予老人全方面的关心和爱护，妥善安排老人的衣、食、住、行，鼓励老人健康生活、快乐生活，使他们在感情上得到慰藉，愉快地安度晚年。

案例十一

（一）基本案情

父亲去世前，三子女就母亲张老太的赡养问题达成协议，约定每人每月付给母亲 500 元赡养费。岂料一年后，张老太将房产无偿赠与了儿子李某军，这下大女儿李某丽、小女儿李某菲都不愿意了。

2014 年 12 月，张老太将李某丽、李某菲、李某军三子女起诉至乌鲁木齐市米尔区人民法院，要求三被告支付每月赡养费 500 元（自 2014 年 6 月起）并承担本案诉讼费。开庭时，张老太因远在广东委托了代理律师出庭，小女儿李某菲委托代理人出庭声称，2013 年 4 月所签订的赡养协议三方并没有实际履行，自己也不同意继续履行；母亲张老太自己有退休工资、存款和积蓄，经济收入较高，生活较为宽裕，不属于没有经济能力，法律上明确规定属于不需要一定给付赡养费的范畴；此外，李某菲还认为，本案是儿子李某军假借母亲张老太名义起诉，实际是李某军为了侵占母亲财产所为；因此不同意给付母亲张老太每月 500 元赡养费。

大女儿李某丽未到庭参加诉讼，但向法院提交了书面答辩意见，也不同意按照每月 500 元的标准支付原告张老太赡养费。理由是：第一、2013 年 4 月的赡养协议系三子女所签订，并非与张老太签订，该协议已经于 2014 年 11 月正式解除，李某丽已于 2014 年 11 月将《解除赡养协议通知书》邮寄送达至被告李某菲、李某军处，在李某菲、李某军签收后，2014 年 11 月 28 日，该协议即已解除；第二、本案起诉并非母亲张老太本人意思表示，起诉书上的笔迹并非母亲本人签名，是李某军假借母亲名义将女儿告上法庭；第三、2013 年 4 月协议中明确约定："母亲张老太养老居住房屋在有生之年不允许变卖和处分，留作晚年自用"，母亲张老太已将位于乌市价值 40 多万元的房屋无偿赠予给李某军，李某军表示自愿承担赡养及照顾母亲张老太的义务，李某军的行为导致赡养协议中的客观情况发生了根本变化，故应解除该赡养协议；第四、原告张老太每月有固定退休养老金 3000 多元，加之还有个人积蓄存款 7 万元，经济收入较为富裕，不需要子女再给付赡养费。

被告李某军未到庭参加诉讼，但向法院提交了书面答辩意见，同意每月支付赡养费 500 元。

法院经审理查明，原告张老太系乌鲁木齐某公司退岗家属，每月有养老金及其他生活补贴等近三千元收入。张老太与其丈夫李某结婚后生育长女李某丽、长子李某军、次女李某菲三个子女。2013年4月，长女李某丽于起草了一份"赡养协议"，协议约定："一、母亲现有一套住房在有生之年不允许变卖，留作晚年自用，闲置期间可以酌情出租，但房屋租赁租金属母亲所有。二、母亲有自己的养老收入，…三子女需分别轮流承担陪伴照料义务，母亲由哪位子女照料陪伴，其他两位子女需每月支付500元赡养费，并于每月30日前汇入指定帐号，…"签订该赡养协议时，原告张老太知道且同意该份赡养协议的内容。协议签订以后，母亲先在大女儿李某丽处生活，后于2013年11月底至2015年开庭时都在广东与儿子李某军一同生活，之前李某军也按月向母亲支付赡养费。大女儿李某丽和小女儿李某菲给母亲按月支付赡养费至2014年5月，后得知母亲将乌市的房子无偿赠与给弟弟李某军之后，李某丽和李某菲不再给母亲支付赡养费用。2014年11月25日，李某丽通过EMS给李某菲、李某军邮寄了解除赡养协议通知书，李某菲收到通知书后书面表示同意解除赡养协议。

针对李某菲和李某丽曾先后提出原告的诉状及其授权委托书非本人签名并申请签名的真伪进行笔迹签定的问题，法官考虑到原告张老太年事已高，且在广东生活，不能亲自参加庭审，法官通过电话与其沟通后，张老太于2015年3月在广东当地公证处为民事起诉状及代理人的授权委托书分别办理了签名公证和委托公证。

（二）裁判结果

乌鲁木齐市米尔区人民法院认为：根据婚姻法规定子女对父母有赡养扶助的义务，子女不履行赡养义务时，无劳动能力或生活困难的父母，有要求子女给付赡养费的权利。该条规定了赡养义务作为一项基本的法定义务，因其涉及最基本的身份血缘关系和基本的社会公德，属于法定强制性义务，不能由赡养人随意解除。而该条文也明确规定了赡养对象为"无劳动能力或生活困难的父母"，即父母只要符合或者无劳动能力，或者生活困难中的一项，子女就应当对其履行赡养义务，而并非"无劳动能力且生活困难"。本案中，原告张老太在本案诉讼期间已经83岁高龄，达到法律规定可以认定为无劳动能力标准，即使其每月有固定收入，也并不影响其向子女要求给付赡养费。

同时，老年人权益保护法第十九条规定："赡养人不履行义务，老年人有要求赡养人给付赡养费等权利。"该法第二十条规定："经老年人同意，赡养人之间可以就履行赡养义务签订协议。赡养协议的内容不得违反法律的规定和老年人的意愿。"从该条规定来看，赡养协议必须满足以下条件：一是订立主体仅限于赡养人之间；二是赡养协议的形式必须以书面为之；三是赡养人签订的赡养协议须征得被赡养老人同意后才有效。本案中，被告李某丽、李某菲、李某军作为赡养人，2013年4月就赡养母亲张老太事宜签订书面协议，张老太知道且同意该协议，且协议签订后，被告李某丽、李某菲按照该协议实际履行了六个月，李某军实施履行了五个月。虽然被告李某丽辩解称该协议的解除通知书已经书面邮寄给李某军，而李某军在收到协议后因未向法院提起诉讼而导致该协议解除，但是由于子女的赡养义务具有法律强制性和人身性且涉及基本的社会公德，赡养协议与一般合同法中的协议性质并不相同，其解除条件与合同法中协议解除条件亦不相同，赡养义务不能以单方协议的形式予以免除，故被告李某丽的辩解理由不能成立，法院对此不予采纳。2013年4月的赡养协议合法有效，应当继续履行。最终法院判决大女儿李某丽、儿子李某军、小女儿李某菲各自给付张老太自 2014 年 6 月起至 2015 年 3 月止十个月的赡养费共计 5000 元，于判决生效十日内付清。

（三）典型意义

古话说"养儿防老"，虽说传统上老百姓一般把养老的义务主要放在儿子身上，但现代社会中，女儿和儿子一样具有对父母亲进行赡养的义务，这是法定强制义务，不会因父母的过错或其他原因而解除，父母能不辞辛苦抚育儿女长大成人，儿女也应不讲条件地照顾和赡养老人，动物尚有"乌鸦反哺"、"羊羔跪乳"之举，而作为万物之灵的人类，理应做得更好。

案例十二

（一）基本案情

原告朱某昌于 1947 年与黄某香结婚，婚后生育了两个儿子，朱某方与小和生。1959 年小和生与黄某香相继死亡。1961 年原告朱某昌与王某芳再婚，王某芳带着已有 9 岁的前婚生女朱某香和 7 岁的前婚生子朱某德到原告朱某昌家生活，与原告朱某昌及其前婚生子朱某方组成新的家庭。原告朱某昌与王某芳再婚后又生育了朱某菊、朱某萍两个女儿。后被告朱某方与被告朱某香结婚，被告朱某德亦娶妻在家，朱某菊、朱某萍出嫁在外，其中朱某菊于 1986 年死亡。

1989 年原告朱某昌之母去世后，原告朱某昌与王某芳到楚雄谋生。2000 年农历 4 月 26 日王志芳病故，被告朱某德按分家协议为其办理了后事。后原告朱某昌仍在楚雄生活。2007 年 11 月 13 日，原告朱某昌向平安县人民法院提起诉讼，要求被告朱某方、朱某德履行赡养义务。

该案经本院审理，于 2007 年 12 月 4 日作出（2007）平民初字第 369 号民事判决，判决如下：（1）原告朱某昌的责任田由被告朱某方负责耕种，每年 10 月 31 日前称给原告朱某昌大米

200 千克，并承担各种公益负担；（2）由被告朱某方和朱某德每年分别给付原告朱某昌赡养费 120 元、360 元，于 10 月 31 日前付清；（3）由被告朱某方将原告朱某昌的住房交由其居住使用；（4）原告朱某昌的医药费由朱正芳、朱某德各承担五分之一；上述判决有执行内容的，自 2008 年 1 月 1 日起执行。

在平安县人民法院院作出（2007）平民初字第 369 号民事判决后，原告朱某昌不服该判决，向楚雄彝族自治州中级人民法院提起上诉，楚雄彝族自治州中级人民法院经审理后，于 2008 年 3 月 28 日作出（2008）楚中民一终字第 68 号民事判决，判决驳回上诉，维持原判。2015 年 6 月 30 日，原告朱某昌以原判决确定给付的赡养费过低，难于维持基本生活为由，就其赡养问题再次向平安法院提起诉讼。

（二）裁判结果

经平安县人民法院审理认为，《中华人民共和国婚姻法》第二十一规定："父母对子女有抚养教育的义务；子女对父母有赡养扶助的义务。父母不履行抚养义务时，未成年的或不能独立生活的子女，有要求父母付给抚养费的权利。子女不履行赡养义务时，无劳动能力的或生活困难的父母，有要求子女付给赡养费的权利。"在本案中，原告朱某昌就其赡养问题已于 2007 年 11 月 13 日向本院提起诉讼，要求被告朱某方、朱某德履行给付其赡养费的义务。本院和楚雄彝族自治州中级人民法院经审理先后作出判决，判决由被告朱某方、朱某德对原告朱某昌给付赡养费。现原告朱某昌以原判决确定给付的赡养费过低，难于维持基本生活为由，就其赡养问题再次向本院提起诉讼。经平安法院审理认为原告朱某昌要求被告朱某方、朱某德、朱某香给付其赡养费符合法律规定，但在确定被告朱某方、朱某德、朱某香向原告朱某昌给付赡养费时，应充分考虑原告朱某昌的实际需要及被告朱某方、朱某德、朱某香的履行能力。故对原告朱某昌提出的诉讼请求，本院依法予以部分支持。依照《中华人民共和国婚姻法》第二十一条的规定，判决如下：（1）原告朱某昌的责任田由被告朱某方、朱某香负责耕种，由被告朱某方、朱某香于每年（含 2015 年）10 月 31 日以前称给原告朱某昌大米 200 千克。（2）由被告朱某方、朱某香于每年（含2015 年）10 月 31 日以前给付原告朱某昌生活费 500 元，由被告朱某德于每年（含 2015 年）10 月 31 日以前给付原告朱某昌生活费 500 元。（3）原告朱某昌的医疗费，由被告朱某方、朱某香承担 50%，被告朱某德承担 25%，每年由被告朱某方、朱某香、朱某德分两次给付原告朱某昌，其中于每年 4 月 30 日以前给付一次，每年（含 2015 年）10 月 31 日以前给付一次。（4）上述一、二、三款规定，限判决生效之日起开始执行。

案件受理费 50 元，由被告朱某方、朱某香承担 25 元，被告朱某德承担 25 元。

（三）典型意义

随着我国老龄化人口急剧增多，农村老人的赡养问题已成为一种突出的社会现象。

该案中，老人都已 80 多岁，而子女也已是 60 多岁的人，并且子女无正式工作，还依靠下一代来赡养，但因老人觉得赡养费太低还是要起诉 60 多岁的儿女。所以在审理该案时，承办法官综合考虑各方因素，我国《婚姻法》规定："父母对子女有抚养教育的义务，子女对父母有赡养扶助的义务。子女不履行赡养义务时，无劳动能力的或生活困难的父母，有要求子女付给赡养费的权利。"这说明父母子女间的权利义务是对等的，父母抚养了子女，对社会和家庭尽到了责任，当父母年老体衰时，子女也应尽赡养扶助父母的义务。我国《老年人权益保障法》

则规定，老年人养老主要依靠家庭，家庭成员应当关心和照料老年人。赡养人应当履行对老年人经济上供养、生活上照料和精神上慰藉的义务，照顾老年人的特殊需要，对患病的老年人应当提供医疗费用和护理。赡养人不履行赡养义务，老年人有要求赡养人付给赡养费的权利。赡养人之间可以就履行赡养义务签订协议，并征得老年人的同意。

案例十三

（一）基本案情

原告李某荣、吕某珍诉称，被告李某有等均是原告夫妇的儿子，两原告与四被告于 2008 年经五星乡石头村委会调解，每年由四被告各支付 500 元的赡养费，李某有三人每年都按期支付给两原告赡养费，李某金一直未支付给二原告赡养费，现起诉判令四被告每年各承担赡养费 500 元，并共同承担原告生病住院的费用；判令被告李某金补齐从 2008 年至 2015 年共 8 年以来未履行赡养二原告的费用 4000 元。

被告李向金辩称，二原告在家庭财产的分配上不公，明显偏向其他三被告，并且唆使他们把我的东西拿走，干扰我一家人的生产、生活，只要二原告不要对其家人的生产、生活横加阻碍，才能赡养二原告，不同意补出以前的赡养费。

（二）裁判结果

尚义县人民法院审理认为，父母对子女有抚养教育的义务；子女对父母有赡养扶助的义务。子女不履行赡养义务时，无劳动能力的或生活困难的父母，有要求子女付给赡养费的权利。二原告主张要求四被告承担生病住院的费用，因二原告未提交证据证实其生病住院，所需的住院费用为多少不确定，法院对其主张不予支持。二原告主张要求被告李某金补出从 2008 年至 2015 年的赡养费，因二原告 2015 年才向本院主张赡养费，本院对其主张部分支持。据此，判决由被告李某有四人每人每年支付给原告李某荣、吕某珍赡养费 500 元。驳回二原告的其他诉讼请求。

（三）典型意义

本案的争议焦点是以财产分配不公为由拒绝尽赡养义务是否应得到支持？"养儿防老，积谷防饥"，子女对父母有赡养扶助的义务。子女不履行赡养义务时，无劳动能力的或生活困难的父母，有要求子女付给赡养费的权利。这是法律赋予的权利和义务，也是中华民族的优良传统。无论以任何理由，均不能拒绝尽赡养义务，都不会得到支持。

案例十四

（一）基本案情

原告与四被告系母子、母女关系。原告丈夫于 2012 年去世，2013 年 11 月 21 日前原告一直与长子李某明一居生活，后与女儿李某杰一居生活。由于原告丧失了劳动能力，生活需要照料，原告要求四被告每人每月支付 150 元赡养费。2014 年 4 月至 2014 年 5 月原告就医共花医疗费 5 985.73 元，除去医保报销的费用，剩余 2 985.73 元四被告每人应承担 746 元。另查明，原告狄某霞在桦川县哈达村民委员会有承包田 0.27 垧，每月有农村低保工资 55 元。还查明，被告李某强在原告狄桂霞住院期间支付了医药费 500 元。

（二）裁判结果

桦川县人民法院经审理认为，赡养老人是每个子女应尽的义务，四被告对其母亲均有赡养义务，原告要求四被告每人每月给付赡养费 150 元，符合农村居民的年生活费支出的标准，本院应予支持。原告要求四被告共同承担前期治疗除去医疗保险报销后剩余的医药费亦符合法律规定，本院应予支持。对于原告主张其今后发生的医疗费用，应由四被告按份负担的请求，因原告主张的医疗费用尚未发生，本院对原告的这一请求不予支持。原告可在治疗实际发生医疗费用后另行主张权利。判决如下：被告李某明、李某刚、李某强、李某杰自 2014 年 7 月 1 日起每人每月给付原告狄某霞赡养费 150 元，此款于每月的 30 日给付；被告李某明、李某刚、李某强、李某杰于本判决生效后十日内立即给付原告狄某霞医药费 2985.73 元，由被告李某明、李某刚、李某杰各自承担 746 元，被告李某强承担 246 元（746 元—500 元）。

（三）典型意义

尊老敬老是中华民族的传统美德，我国《婚姻法》也明确规定，子女对父母有赡养扶助的义务，《中华人民共和国老年人权益保护法》也规定，赡养人应当履行对老年人经济上供养、生活上照料和精神上慰籍的义务。农村中部分赡养人的法治意识和道德观念较差，无视甚至不履行对老人的赡养义务。因此，有必要对这一传统美德大力弘扬，形成敬老养老的良好道德风尚，彻底铲除滋生不赡养老人现象的土壤。

案例十五

（一）基本案情

原告刘某某称，原告与丈夫袁某某结婚后，生育有长子袁甲（已病故）、次子袁乙、女儿袁丙。现原告身患脑梗、冠心病、高血脂、Ⅱ型糖尿病、高血压极高危组等多种疾病，需要花大量的医药费及请护工护理，除二儿子袁乙对原告尽赡养义务外，被告袁丙对原告不管不问，未尽到女儿的赡养义务，为此诉至法院，要求依法判令：1. 被告支付原告 2011 年 3 月 28 日至判决生效之前已经产生的医疗费、护理费约 18732.7 元的三分之一即 6275.45 元；2. 被告承担原告于 2011 年 12 月 4 日至

2012 年 2 月 22 日期间产生的医疗费、住院费、护工费等费用 13130.22 的三分之一即 4376.74 元；3. 被告承担本案宣判以后至原告死亡之前的生活费、医疗费、护理费等与原告相关的费用的三分之一（医疗费以医院和药店开具的正式发票为准，护理费以同时期三家家政护理公司出具的报价之和平均值为准）；4. 本案诉讼费由被告承担。

被告辩称，原告起诉被告不是其真实意思表示，被告已实际履行作为女儿对母亲的赡养义务，而原告之子袁乙从工作至今，对父母分文未花，本次起诉是袁乙一手包办。原告有医保，其本可以在医保定点单位郑州市三院治疗，而非要自费到河南省中医院二附院康复科治疗，自付费用每天高达上千元，且反复住院、出院已达半年，造成不必要的费用支出，被告对此无赡养能力。原告有稳定的退休工资，房产两处，无论是每月收入，还是用房产担保贷款或变卖一处房产，都可支付医疗费用。而原告却把其中一套房产赠给了原告儿子袁乙，原告可以将给儿子的房产卖了支付医疗费用，而被告没有支付医疗费、护理费的能力。被告作为女儿应当对父母尽赡养义务，对原告方的合理合情合法的要求，被告方予以认可，但是不符合实际情况的费用，被告不愿意承担。

（二）裁判结果

河南省郑州市惠济区人民法院于 2012 年 6 月 19 日作出（2012）惠民一初字第 197 号民事判决书，判决：一、被告袁丙于本判决生效后十日内支付原告刘跃兵医疗费 7392.4 元及护理费 1662 元；二、被告袁丙承担本案宣判以后至原告刘跃兵死亡之前的医疗费、护理费的的三分之一（医疗费以医院的正式发票为准，护理费以同时期河南省服务行业平均工资计算）。宣判后，双方均未上诉，该民事判决书已于 2012 年 7 月 25 日生效。

（三）典型意义

法律规定子女有对父母赡养扶助的义务，父母经济困难时有权利要求子女支付赡养费，这里包括基本医疗支出。但这不是说，父母经济水平良好时，子女就不需赡养父母了，赡养义务是不能附加任何条件的，子女不得以任何理由拒绝履行赡养义务。在本案中，原告虽有退休金和医疗保险，但原告患有大量的疾病，这些费用不能满足原告需要的医疗支出，而女儿不愿赡养原告的理由是原告有两套房产，因原告把其中一套房产给了儿子，而没有给女儿，所以被告就说如果原告把其中一套房产抵押贷款或者变卖，原告的医疗费用就不成问题了，而被告也不需要再支出费用了。原告说儿子家庭比较困难，女儿对原告帮助儿子有意见，本不想让女儿出钱，但现在的病情严重，费用比较高，想让女儿承担一些医疗费用，女儿家庭也比较富裕，有能力承担一部分，于是只要求女儿支出医疗费的三分之一。

案例十六

（一）基本案情

原告黎某某已年过八旬，共生育了被告资某祥等6个子女。原告老伴去世后，6个子女因原告的赡养问题相互推诿，不能达成一致意见，致使原告老无所依，经家族亲属等调解均无法解决矛盾。原告无奈之下，一纸诉状将自己的6个子女告上法庭，要求6个子女承担赡养义务。

（二）裁判结果

湖南省衡阳县人民法院判决被告资某祥等6人每人每月给付原告黎某某赡养费200元（支付方式：每月5日前支付本月赡养费）；原告黎某某的医疗费按实际支出由六被告均等负担。

（三）典型意义

古语说"养儿防老"，原告好不容易将6个子女抚养成人，却不料晚年落到如此境地，着实让人心寒。我国法律规定，子女对父母有赡养扶助的义务。6名被告作为原告的子女，应当履行赡养义务，照顾老年人的晚年生活。现原告年迈多病，丧失劳动能力，现有经济状况无法维持其基本生活需要，其子女应当承担相应的赡养义务。

案例十七

原告陈某与前妻董女共育有三名子女，分别为长子陈大、次子陈二、三子陈三。其前妻于1989年去世（去世时，三个儿子均已成年）。前妻去世后的第二年，原告陈某经他人介绍，便与一个带着五岁孩子（孙小某）的离异女王某一见钟情，并火速登记结为合法夫妻。二人婚后幸福生活甜如蜜，且与继子孙小某相处十分融洽，并对其百般疼爱，关照程度远胜于亲生子，这让三个亲儿子非常不满，并时常与父亲发生矛盾。

随着日子一天一天地过去，三个亲生儿子如今都已成家立业。继子孙小某也已成人，并走上了工作岗位。而原告自己却感觉自己真的老了，到老时却有些眷恋孩子们，于是原告陈某便想和孩子们共度美好晚年。然而，三个亲生孩子不予理会，并认为在亲生母亲离世不到一年就和继母结婚，属于对母亲的不忠，且再婚后特别偏爱继子，对自己亲生的三个孩子并没有尽到一个好父亲的责任。

因与三个亲生儿关系无法调和，老人陈某便于2014年3月份到法院起诉，要求三个亲生儿子每人每月向自己支付1000元的赡养费。

在庭审中，三被告认为原告应追加继子孙小某作为共同被告。另外，原告系油田退休工人，每月退休金3200元，有单位出据的证明予以佐证。而原告在诉讼中主张其继子已尽到赡养义务，没有尽到孝敬义务的是自己三个亲生儿子，故只起诉三被告。

另查明，原告为大庆油田系统退休职干部，每月退休金3000余元，医疗费用报销比例为97.5%。原告自行陈述退休工资足以支持其日常生活，但是如果有病住院，可能就会出现退休金则周转不开问题。另外，孩子尽孝道是天经地义，不以父母有经济能力为前提，因此三被告仍应向自己支付赡养费。

案件经过公开审理后，在合议庭合议时形成两种观点：

一种观点认为，驳回原告的诉讼请求。理由是原告系油田退休职工，有高达3000多元的退休金，收入较为稳定，以当地生活水平，足够维持其日常开销。

另一种观点认为，应支持原告的部分诉讼请求。理由是原告虽然有稳定的收入，但是老人有经济能力并不代表就不需要尽赡养义务，因此仍应适当地支持原告的部分诉讼请求。

经合议庭评议，合议庭最终采纳了第二种意见，判决三被告每月支付原告赡养费200元。

孝敬父母是我们的传统美德，赡养老人是我们作为子女应尽的义务，也是法定义务。为此，我国婚姻法第二十一条明确规定了子女对父母有赡养扶助的义务。

子女不履行赡养义务时，无劳动能力或生活困难的父母，有要求子女给付赡养费的权利。然而，随着社会经济的发展，社会保障机制越来越健全，使老人生活有了一定的经济保障，便慢慢地转向精神追求，为此生活中出现了不少老人起诉孩子，要求子女常回家看看等情形。

为了适应社会发展的需要，国家出台《老年人权益保障法》，规定了老年人的子女应当履行对老年人经济上供养、生活上照料和精神上慰藉的义务，这些义务是赡养老人应履行的法定义务。可以说这部法律的出台，是对婚姻法中关于老人赡养的规定进一步完善和丰富，是一部保障老年人权益的最新法律。

本案中，原告起诉三个亲生儿子，要求每人每月向自己支付1000元赡养费。三被告作为原告的子女，有赡养原告的义务，按照老年人权益保障法的相关规定，子女对老人进行经济上的供养并不以老人是否有经济来源为前提条件。

新法优于旧法的适用原则，关于赡养费的给付应适用老年人权益保障法，而非婚姻法，故原告要求三被告给付赡养费的诉讼请求合法有据，应予以支持。

关于原告请求的赡养费的数额，原告请求过高，应参照原告的收入及日常消费情况，结合被告的负担能力及本地区的实际生活水平，扣除继子女已尽的赡养义务，最后依法确认三被告每人每月给付原告赡养费200元。裁判作出后，原、被告都表示服判，并且三被告主动有与父亲改善关系的意向。

赡养案件类型并不属于必要共同诉讼的范畴，老人如果只起诉部分子女赡养问题，经法院释明后仍坚持原来主张，法院可以不列未被起诉的子女为诉讼参与人；赡养老人并不以老人有经济能力为前提，即使老人有经济能力，作为子女仍有义务赡养老人；对于赡养费的数额，要参照老人的收入及日常消费情况，结合子女的负担能力及本地区的实际生活水平，运用法官的理由思维进行判断。

案例十八

张某今年61岁了，10年前跟前妻离婚，今年3月张某跟另一位女士再婚。张某与前妻所生的儿子和女儿都反对这门婚事，大儿子更扬言不再给张某生活费，对此张某感到很难过，张某再婚了还能否向儿女们要生活费？

解答：可以向子女索要赡养费。

　　父母再婚，子女拒绝履行赡养义务，已经违反了我国《老年人权益保障法》第二十一条的规定以及我国《婚姻法》第三十条的规定。当子女有条件赡养老人而不履行义务时，父母有权向人民法院起诉要求子女付给赡养费。

　　法院根据父母的诉讼请求，查明情况后，可判决令子女给付。如子女坚持不给，法院还可强制执行子女的财产。

　　关于赡养人义务的知识拓展

　　1. 赡养是指子女在物质上和经济上为父母提供必要的生活条件；扶助则是指子女对父母在精神上和生活上的关心、帮助和照料。

　　2. 子女对父母履行赡养扶助义务，是对家庭和社会应尽的责任。根据《中华人民共和国宪法》第四十九条的规定，成年子女有赡养扶助父母的义务。《中华人民共和国老年人权益保护法》的第十条规定，老年人养老主要依靠家庭，家庭成员应当关心和照料老人。

　　3. 子女作为赡养人，应当履行对老年人经济上供养、生活上照料和精神上慰藉的义务，照顾老年人的特殊需要。儿子和女儿都有义务赡养父母，已婚妇女也有赡养其父母的义务和权利。

　　4. 有经济能力的子女，对丧失劳动能力，无法维持生活的父母，都应予以赡养。

　　对不在一起生活的父母，应根据父母的实际生活需要和子女的负担能力，给付一定的赡养费用。赡养费用一般不低于子女本人或当地的普通生活水平，有两个以上子女的，可依据不同的经济条件，共同负担赡养费用。经济条件较好的子女应当自觉、主动地承担较大的责任。赡养人之间也可以就履行赡养义务签订协议，并征得老年人的同意。居民委员会、村民委员会或者赡养人所在单位监督协议的履行。

5. 赡养人的义务具体表现为几个方面：

一是应当妥善安排老年人的住房，不得强迫老年人迁居条件低劣的房屋。老年人自有的或者承租的住房，子女或者其他亲属不得侵占，不得擅自改变产权或者租赁关系。老年人的自有住房，赡养人有维修的义务。

二是赡养人不得要求老年人承担力不能及的劳动。

三是赡养人不得以放弃继承权或者其他理由，拒绝履行赡养义务。赡养人不履行赡养义务，老年人有要求赡养人付给赡养费的权利。老年人的婚姻自由受法律保护。子女或者其他亲属不得干涉老年人离婚、再婚及婚后生活。赡养人不得因老年人的婚姻变化而消除。

四是子女不仅要赡养父母，而且要尊敬父母，关心父母，在家庭生活中的各方面给予扶助。当年老、体弱、病残时，更应妥善加以照顾，使他们在感情上得到慰藉，愉快地安度晚年。

6、如何追究子女不履行赡养父母的法律责任，需要赡养的父母可以通过有关部门进行调解或者向人民法院提起诉讼。

人民法院在处理赡养纠纷时，应当坚持保护老年人的合法权益的原则，通过调解或者判决使子女依法履行赡养义务。对负有赡养义务而拒绝赡养，情节恶劣构成遗弃罪的，应当承担刑事责任。

案例十九

1959 年 4 月，李某、贾某夫妇收养 4 岁的李甲为养女，并将李甲抚养成年。1980 年李甲结婚，仍与李某、贾某共同生活。后因生活琐事，李甲与李某、贾某发生矛盾，遂于 1997 年 1 月 10 日签订书面协议，约定李甲与李某、贾某之间的收养关系解除，李甲补偿李某夫妇在收养期间支出的生活费和教育费 1500

元。协议签订后，李甲按协议支付了补偿费。2004 年 6 月，李某、贾某以李甲由其抚养成年，现夫妇俩年迈体弱、缺乏生活费来源为由，要求李甲给付生活费。而李甲认为双方的收养关系已经解除，其不再负有赡养李某、贾某的义务，要求法院驳回其诉讼请求。

本案所涉及的是如何理解养子女对养父母的后赡养义务的问题。依据收养法第三十条的规定，应判决被告李甲每年给付李某、贾某生活费。理由如下：

所谓后赡养义务，是指养子女与养父母解除收养关系后，对养父母承担的赡养义务。我国收养法第三十条明确规定："收养关系解除后，经养父母抚养的成年子女，对缺乏劳动能力又缺乏生活来源的养父母，应当给付生活费"。据此，后赡养义务应当具有以下法律特征：

（1）后赡养义务产生于养父母与养子女收养关系解除之后，这是后赡养义务的时间特征，也是后赡养义务区别于赡养义务的形式特征之一；

（2）后赡养义务的主体是经养父母抚养的成年子女。凡名义上收养，实际上未与养父母共同生活，或者虽经养父母抚养但尚未成年的养子女，不是该义务的主体；

（3）后赡养义务的对象是缺乏劳动能力又缺乏生活来源的养父母。这里包括两个要件，一是缺乏劳动能力，二是缺乏生活来源。二者必须同时具备，缺一则不构成后赡养义务的对象；

（4）后赡养义务的内容是给付生活费。这是后赡养义务区别于赡养义务的实质特征。正常情况下，一般子女对父母的赡养义务既包括物质赡养即给付生活费，又包括精神赡养，而后赡养义务由于发生在收养关系解除之后，养父母与养子女的关系不复存在的情况下，因此，以解决温饱即生存问题为目的的物质赡养——给付生活费，成为后赡养义务的显著特征。

根据后赡养义务理论，生活费的支付应当符合"必要性"、"可能性"和"连续性"三个条件。所谓必要性，即以维持基本的生存为要件，不宜提过高的生活要求；所谓可能性，即支付生活费数额的确定，不致造成义务人生活困难为原则；所谓连续性，即不宜搞一次性支持，一次性支付有影响义务人正常生活的可能，而且使一段时间后养父母的生活缺乏保障，背离后赡养义务制度设立的本意。

从本案来看，李甲虽在解除与李某夫妇收养关系时，一次性补偿了1500元，但当时李某夫妇并未出现生活问题。随着时间的推移，二老年龄的增长，丧失了劳动能力，且无生活来源，而所补偿的1500元早已消费完毕。此时二老要求李甲支付生活费，符合收养法第三十条的规定，李某应当按年度连续不断地支付二老的生活费。考虑到当地的生活水平和李甲的支付能力，确定李甲每年给二老1000元生活费是恰当的。

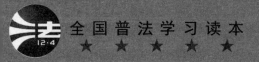

婚姻家庭法律法规学习读本

婚姻综合类法律法规

叶浦芳　主编

加大全民普法力度，建设社会主义法治文化，树立宪法法律
至上、法律面前人人平等的法治理念。

——中国共产党第十九次全国代表大会《决胜全面建
成小康社会　夺取新时代中国特色社会主义伟大胜利》

汕头大学出版社

图书在版编目（CIP）数据

婚姻综合类法律法规／叶浦芳主编 . -- 汕头：汕
头大学出版社（2021 . 7 重印）
（婚姻家庭法律法规学习读本）
ISBN 978-7-5658-3329-8

Ⅰ . ①婚… Ⅱ . ①叶… Ⅲ . ①婚姻法–中国–学习参
考资料 Ⅳ . ①D923 . 904

中国版本图书馆 CIP 数据核字（2018）第 000687 号

婚姻综合类法律法规　　　　　**HUNYIN ZONGHELEI FALÜ FAGUI**

主　　编：叶浦芳
责任编辑：汪艳蕾
责任技编：黄东生
封面设计：大华文苑
出版发行：汕头大学出版社
　　　　　广东省汕头市大学路 243 号汕头大学校园内　　邮政编码：515063
电　　话：0754-82904613
印　　刷：三河市南阳印刷有限公司
开　　本：690mm×960mm 1/16
印　　张：18
字　　数：226 千字
版　　次：2018 年 1 月第 1 版
印　　次：2021 年 7 月第 2 次印刷
定　　价：59 . 60 元（全 2 册）
ISBN 978-7-5658-3329-8

前　言

习近平总书记指出："推进全民守法，必须着力增强全民法治观念。要坚持把全民普法和守法作为依法治国的长期基础性工作，采取有力措施加强法制宣传教育。要坚持法治教育从娃娃抓起，把法治教育纳入国民教育体系和精神文明创建内容，由易到难、循序渐进不断增强青少年的规则意识。要健全公民和组织守法信用记录，完善守法诚信褒奖机制和违法失信行为惩戒机制，形成守法光荣、违法可耻的社会氛围，使遵法守法成为全体人民共同追求和自觉行动。"

中共中央、国务院曾经转发了中央宣传部、司法部关于在公民中开展法治宣传教育的规划，并发出通知，要求各地区各部门结合实际认真贯彻执行。通知指出，全民普法和守法是依法治国的长期基础性工作。深入开展法治宣传教育，是全面建成小康社会和新农村的重要保障。

普法规划指出：各地区各部门要根据实际需要，从不同群体的特点出发，因地制宜开展有特色的法治宣传教育坚持集中法治宣传教育与经常性法治宣传教育相结合，深化法律进机关、进乡村、进社区、进学校、进企业、进单位的"法律六进"主题活动，完善工作标准，建立长效机制。

特别是农业、农村和农民问题，始终是关系党和人民事业发展的全局性和根本性问题。党中央、国务院发布的《关于推进社会主义新农村建设的若干意见》中明确提出要"加强农村法制建设，深入开展农村普法教育，增强农民的法制观念，提高农民依法行使权利和履行义务的自觉性。"多年普法实践证明，普及法律知识，提高法制观念，增强全社会依法办事意识具有重要作用。特别是在广大农村进行普法教育，是提高全民法律素质的需要。

多年来，我国在农村实行的改革开放取得了极大成功，农村发生了翻天覆地的变化，广大农民生活水平大大得到了提高。但是，由于历史和社会等原因，现阶段我国一些地区农民文化素质还不高，不学法、不懂法、不守法现象虽然较原来有所改变，但仍有相当一部分群众的法制观念仍很淡化，不懂、不愿借助法律来保护自身权益，这就极易受到不法的侵害，或极易进行违法犯罪活动，严重阻碍了全面建成小康社会和新农村步伐。

为此，根据党和政府的指示精神以及普法规划，特别是根据广大农村农民的现状，在有关部门和专家的指导下，特别编辑了这套《全国普法学习读本》。主要包括了广大人民群众应知应懂、实际实用的法律法规。为了辅导学习，附录还收入了相应法律法规的条例准则、实施细则、解读解答、案例分析等；同时为了突出法律法规的实际实用特点，兼顾地方性和特殊性，附录还收入了部分某些地方性法律法规以及非法律法规的政策文件、管理制度、应用表格等内容，拓展了本书的知识范围，使法律法规更"接地气"，便于读者学习掌握和实际应用。

在众多法律法规中，我们通过甄别，淘汰了废止的，精选了最新的、权威的和全面的。但有部分法律法规有些条款不适应当下情况了，却没有颁布新的，我们又不能擅自改动，只得保留原有条款，但附录却有相应的补充修改意见或通知等。众多法律法规根据不同内容和受众特点，经过归类组合，优化配套。整套普法读本非常全面系统，具有很强的学习性、实用性和指导性，非常适合用于广大农村和城乡普法学习教育与实践指导。总之，是全国全民普法的良好读本。

目　　录

中华人民共和国婚姻法

婚姻登记条例

婚姻登记工作规范

中华人民共和国反家庭暴力法

中华人民共和国婚姻法

中华人民共和国主席令

第五十一号

《全国人民代表大会常务委员会关于修改〈中华人民共和国婚姻法〉的决定》已由中华人民共和国第九届全国人民代表大会常务委员会第二十一次会议于 2001 年 4 月 28 日通过，现予公布，自公布之日起施行。

中华人民共和国主席　江泽民

2001 年 4 月 28 日

（1950 年 5 月 1 日起施行的《中华人民共和国婚姻法》是中华人民共和国成立后颁布的第一部法律；1980 年 9 月 10 日，第五届全国人民代表大会第三次会议通过新的《中华人民共和国婚姻法》；根据 2001 年 4 月 28 日第九届全国人民代表大会常务委员会第二十一次会议《关于修改〈中华人民共和国婚姻法〉的决定》修正）

第一章　总　则

第一条　本法是婚姻家庭关系的基本准则。

第二条　实行婚姻自由、一夫一妻、男女平等的婚姻制度。

保护妇女、儿童和老人的合法权益。

实行计划生育。

第三条　禁止包办、买卖婚姻和其他干涉婚姻自由的行为。禁止借婚姻索取财物。

禁止重婚。禁止有配偶者与他人同居。禁止家庭暴力。禁止家庭成员间的虐待和遗弃。

第四条　夫妻应当互相忠实，互相尊重；家庭成员间应当敬老爱幼，互相帮助，维护平等、和睦、文明的婚姻家庭关系。

第二章　结　婚

第五条　结婚必须男女双方完全自愿，不许任何一方对他方加以强迫或任何第三者加以干涉。

第六条　结婚年龄，男不得早于二十二周岁，女不得早于二十周岁。晚婚晚育应予鼓励。

第七条　有下列情形之一的，禁止结婚：

（一）直系血亲和三代以内的旁系血亲；

（二）患有医学上认为不应当结婚的疾病。

第八条　要求结婚的男女双方必须亲自到婚姻登记机关进行结婚登记。符合本法规定的，予以登记，发给结婚证。取得结婚证，即确立夫妻关系。未办理结婚登记的，应当补办登记。

第九条　登记结婚后，根据男女双方约定，女方可以成为男方家庭的成员，男方可以成为女方家庭的成员。

第十条 有下列情形之一的，婚姻无效：

（一）重婚的；

（二）有禁止结婚的亲属关系的；

（三）婚前患有医学上认为不应当结婚的疾病，婚后尚未治愈的；

（四）未到法定婚龄的。

第十一条 因胁迫结婚的，受胁迫的一方可以向婚姻登记机关或人民法院请求撤销该婚姻。受胁迫的一方撤销婚姻的请求，应当自结婚登记之日起一年内提出。被非法限制人身自由的当事人请求撤销婚姻的，应当自恢复人身自由之日起一年内提出。

第十二条 无效或被撤销的婚姻，自始无效。当事人不具有夫妻的权利和义务。同居期间所得的财产，由当事人协议处理；协议不成时，由人民法院根据照顾无过错方的原则判决。对重婚导致的婚姻无效的财产处理，不得侵害合法婚姻当事人的财产权益。当事人所生的子女，适用本法有关父母子女的规定。

第三章 家庭关系

第十三条 夫妻在家庭中地位平等。

第十四条 夫妻双方都有各用自己姓名的权利。

第十五条 夫妻双方都有参加生产、工作、学习和社会活动的自由，一方不得对他方加以限制或干涉。

第十六条 夫妻双方都有实行计划生育的义务。

第十七条 夫妻在婚姻关系存续期间所得的下列财产，归夫妻共同所有：

（一）工资、奖金；

（二）生产、经营的收益；

（三）知识产权的收益；

（四）继承或赠与所得的财产，但本法第十八条第三项规定的除外；

（五）其他应当归共同所有的财产。

夫妻对共同所有的财产，有平等的处理权。

第十八条 有下列情形之一的，为夫妻一方的财产：

（一）一方的婚前财产；

（二）一方因身体受到伤害获得的医疗费、残疾人生活补助费等费用；

（三）遗嘱或赠与合同中确定只归夫或妻一方的财产；

（四）一方专用的生活用品；

（五）其他应当归一方的财产。

第十九条 夫妻可以约定婚姻关系存续期间所得的财产以及婚前财产归各自所有、共同所有或部分各自所有、部分共同所有。约定应当采用书面形式。没有约定或约定不明确的，适用本法第十七条、第十八条的规定。

夫妻对婚姻关系存续期间所得的财产以及婚前财产的约定，对双方具有约束力。

夫妻对婚姻关系存续期间所得的财产约定归各自所有的，夫或妻一方对外所负的债务，第三人知道该约定的，以夫或妻一方所有的财产清偿。

第二十条 夫妻有互相扶养的义务。

一方不履行扶养义务时，需要扶养的一方，有要求对方付给扶养费的权利。

第二十一条 父母对子女有抚养教育的义务；子女对父母有赡养扶助的义务。

父母不履行抚养义务时，未成年的或不能独立生活的子女，有要求父母付给抚养费的权利。

子女不履行赡养义务时，无劳动能力的或生活困难的父母，有要求子女付给赡养费的权利。

禁止溺婴、弃婴和其他残害婴儿的行为。

第二十二条 子女可以随父姓，可以随母姓。

第二十三条 父母有保护和教育未成年子女的权利和义务。在未成年子女对国家、集体或他人造成损害时，父母有承担民事责任的义务。

第二十四条 夫妻有相互继承遗产的权利。

父母和子女有相互继承遗产的权利。

第二十五条 非婚生子女享有与婚生子女同等的权利，任何人不得加以危害和歧视。

不直接抚养非婚生子女的生父或生母，应当负担子女的生活费和教育费，直至子女能独立生活为止。

第二十六条 国家保护合法的收养关系。养父母和养子女间的权利和义务，适用本法对父母子女关系的有关规定。

养子女和生父母间的权利和义务，因收养关系的成立而消除。

第二十七条 继父母与继子女间，不得虐待或歧视。

继父或继母和受其抚养教育的继子女间的权利和义务，适用本法对父母子女关系的有关规定。

第二十八条 有负担能力的祖父母、外祖父母，对于父母已经死亡或父母无力抚养的未成年的孙子女、外孙子女，有抚养的义务。有负担能力的孙子女、外孙子女，对于子女已经死亡或子女无力赡养的祖父母、外祖父母，有赡养的义务。

第二十九条 有负担能力的兄、姐，对于父母已经死亡或父母无力抚养的未成年的弟、妹，有扶养的义务。由兄、姐扶养长大的有负担能力的弟、妹，对于缺乏劳动能力又缺乏生活来源的兄、姐，有扶养的义务。

第三十条 子女应当尊重父母的婚姻权利，不得干涉父母再婚以及婚后的生活。子女对父母的赡养义务，不因父母的婚姻关系变化而终止。

第四章　离　婚

第三十一条　男女双方自愿离婚的，准予离婚。双方必须到婚姻登记机关申请离婚。婚姻登记机关查明双方确实是自愿并对子女和财产问题已有适当处理时，发给离婚证。

第三十二条　男女一方要求离婚的，可由有关部门进行调解或直接向人民法院提出离婚诉讼。

人民法院审理离婚案件，应当进行调解；如感情确已破裂，调解无效，应准予离婚。

有下列情形之一，调解无效的，应准予离婚：

（一）重婚或有配偶者与他人同居的；

（二）实施家庭暴力或虐待、遗弃家庭成员的；

（三）有赌博、吸毒等恶习屡教不改的；

（四）因感情不和分居满二年的；

（五）其他导致夫妻感情破裂的情形。

一方被宣告失踪，另一方提出离婚诉讼的，应准予离婚。

第三十三条　现役军人的配偶要求离婚，须得军人同意，但军人一方有重大过错的除外。

第三十四条　女方在怀孕期间、分娩后一年内或中止妊娠后六个月内，男方不得提出离婚。女方提出离婚的，或人民法院认为确有必要受理男方离婚请求的，不在此限。

第三十五条　离婚后，男女双方自愿恢复夫妻关系的，必须到婚姻登记机关进行复婚登记。

第三十六条　父母与子女间的关系，不因父母离婚而消除。离婚后，子女无论由父或母直接抚养，仍是父母双方的子女。

离婚后，父母对于子女仍有抚养和教育的权利和义务。

离婚后，哺乳期内的子女，以随哺乳的母亲抚养为原则。哺乳期后的子女，如双方因抚养问题发生争执不能达成协议时，由人民法院根据子女的权益和双方的具体情况判决。

第三十七条 离婚后，一方抚养的子女，另一方应负担必要的生活费和教育费的一部或全部，负担费用的多少和期限的长短，由双方协议；协议不成时，由人民法院判决。

关于子女生活费和教育费的协议或判决，不妨碍子女在必要时向父母任何一方提出超过协议或判决原定数额的合理要求。

第三十八条 离婚后，不直接抚养子女的父或母，有探望子女的权利，另一方有协助的义务。

行使探望权利的方式、时间由当事人协议；协议不成时，由人民法院判决。

父或母探望子女，不利于子女身心健康的，由人民法院依法中止探望的权利；中止的事由消失后，应当恢复探望的权利。

第三十九条 离婚时，夫妻的共同财产由双方协议处理；协议不成时，由人民法院根据财产的具体情况，照顾子女和女方权益的原则判决。

夫或妻在家庭土地承包经营中享有的权益等，应当依法予以保护。

第四十条 夫妻书面约定婚姻关系存续期间所得的财产归各自所有，一方因抚育子女、照料老人、协助另一方工作等付出较多义务的，离婚时有权向另一方请求补偿，另一方应当予以补偿。

第四十一条 离婚时，原为夫妻共同生活所负的债务，应当共同偿还。共同财产不足清偿的，或财产归各自所有的，由双方协议清偿；协议不成时，由人民法院判决。

第四十二条 离婚时，如一方生活困难，另一方应从其住房等个人财产中给予适当帮助。具体办法由双方协议；协议不成时，由人民法院判决。

第五章　救助措施与法律责任

第四十三条　实施家庭暴力或虐待家庭成员，受害人有权提出请求，居民委员会、村民委员会以及所在单位应当予以劝阻、调解。

对正在实施的家庭暴力，受害人有权提出请求，居民委员会、村民委员会应当予以劝阻；公安机关应当予以制止。

实施家庭暴力或虐待家庭成员，受害人提出请求的，公安机关应当依照治安管理处罚的法律规定予以行政处罚。

第四十四条　对遗弃家庭成员，受害人有权提出请求，居民委员会、村民委员会以及所在单位应当予以劝阻、调解。

对遗弃家庭成员，受害人提出请求的，人民法院应当依法作出支付扶养费、抚养费、赡养费的判决。

第四十五条　对重婚的，对实施家庭暴力或虐待、遗弃家庭成员构成犯罪的，依法追究刑事责任。受害人可以依照刑事诉讼法的有关规定，向人民法院自诉；公安机关应当依法侦查，人民检察院应当依法提起公诉。

第四十六条　有下列情形之一，导致离婚的，无过错方有权请求损害赔偿：

（一）重婚的；

（二）有配偶者与他人同居的；

（三）实施家庭暴力的；

（四）虐待、遗弃家庭成员的。

第四十七条　离婚时，一方隐藏、转移、变卖、毁损夫妻共同财产，或伪造债务企图侵占另一方财产的，分割夫妻共同财产时，对隐藏、转移、变卖、毁损夫妻共同财产或伪造债务的一方，可以少分或不分。离婚后，另一方发现有上述行为的，可以向人民法院提起诉讼，请求再次分割夫妻共同财产。

人民法院对前款规定的妨害民事诉讼的行为，依照民事诉讼法的规定予以制裁。

第四十八条 对拒不执行有关扶养费、抚养费、赡养费、财产分割、遗产继承、探望子女等判决或裁定的，由人民法院依法强制执行。有关个人和单位应负协助执行的责任。

第四十九条 其他法律对有关婚姻家庭的违法行为和法律责任另有规定的，依照其规定。

第六章　附　则

第五十条 民族自治地方的人民代表大会有权结合当地民族婚姻家庭的具体情况，制定变通规定。自治州、自治县制定的变通规定，报省、自治区、直辖市人民代表大会常务委员会批准后生效。自治区制定的变通规定，报全国人民代表大会常务委员会批准后生效。

第五十一条 本法自 1981 年 1 月 1 日起施行。1950 年 5 月 1 日颁行的《中华人民共和国婚姻法》，自本法施行之日起废止。

附　录

最高人民法院关于适用《中华人民共和国婚姻法》若干问题的解释（一）

中华人民共和国最高人民法院公告

法释〔2001〕30 号

2001 年 12 月 24 日由最高人民法院审判委员会第 1202 次会议通过。现予公布，自 2001 年 12 月 27 日起施行。

最高人民法院
二〇〇一年十二月二十五日

为了正确审理婚姻家庭纠纷案件，根据《中华人民共和国婚姻法》（以下简称"婚姻法"）、《中华人民共和国民事诉讼法》等法律的规定，对人民法院适用婚姻法的有关问题作出如下解释：

第一条　婚姻法第三条、第三十二条、第四十三条、第四十五条、第四十六条所称的"家庭暴力"，是指行为人以殴打、捆绑、残害、强行限制人身自由或者其他手段，给其家庭成员的身体、精神等方面造成一定伤害后果的行为。持续性、经常性的家庭暴力，构成虐待。

第二条　婚姻法第三条、第三十二条、第四十六条规定的""的情形，是指有配偶者与婚外异性，不以夫妻名义，持续、稳定地共同居住。

第三条 当事人仅以婚姻法第四条为依据提起诉讼的，人民法院不予受理；已经受理的，裁定驳回起诉。

第四条 男女双方根据婚姻法第八条规定补办结婚登记的，婚姻关系的效力从双方均符合婚姻法所规定的结婚的实质要件时起算。

第五条 未按婚姻法第八条规定办理结婚登记而以夫妻名义共同生活的男女，起诉到人民法院要求离婚的，应当区别对待：

（一）1994 年 2 月 1 日民政部《婚姻登记管理条例》公布实施以前，男女双方已经符合结婚实质要件的，按事实婚姻处理

（二）1994 年 2 月 1 日民政部《婚姻登记管理条例》公布实施以后，男女双方符合结婚实质要件的，人民法院应当告知其在案件受理前补办结婚登记；未补办结婚登记的，按解除同居关系处理。

第六条 未按婚姻法第八条规定办理结婚登记而以夫妻名义共同生活的男女，一方死亡，另一方以配偶身份主张享有继承权的，按照本解释第五条的原则处理。

第七条 有权依据婚姻法第十条规定向人民法院就已办理结婚登记的婚姻申请宣告婚姻无效的主体，包括婚姻当事人及利害关系人。利害关系人包括：

（一）以重婚为由申请宣告婚姻无效的，为当事人的近亲属及基层组织。

（二）以未到法定婚龄为由申请宣告婚姻无效的，为未达法定婚龄者的近亲属。

（三）以有禁止结婚的亲属关系为由申请宣告婚姻无效的，为当事人的近亲属。

（四）以婚前患有医学上认为不应当结婚的疾病，婚后尚未治愈为由申请宣告婚姻无效的，为与患病者共同生活的近亲属。

第八条 当事人依据婚姻法第十条规定向人民法院申请宣告婚

姻无效的，申请时，法定的无效婚姻情形已经消失的，人民法院不予支持。

第九条 人民法院审理宣告婚姻无效案件，对婚姻效力的审理不适用调解，应当依法作出判决；有关婚姻效力的判决一经作出，即发生法律效力。

涉及财产分割和子女抚养的，可以调解。调解达成协议的，另行制作调解书。对财产分割和子女抚养问题的判决不服的，当事人可以上诉。

第十条 婚姻法第十一条所称的"胁迫"，是指行为人以给另一方当事人或者其近亲属的生命、身体健康、名誉、财产等方面造成损害为要挟，迫使另一方当事人违背真实意愿结婚的情况。

因受胁迫而请求撤销婚姻的，只能是受胁迫一方的婚姻关系当事人本人。

第十一条 人民法院审理婚姻当事人因受胁迫而请求撤销婚姻的案件，应当适用简易程序或者普通程序。

第十二条 婚姻法第十一条规定的"一年"，不适用诉讼时效中止、中断或者延长的规定。

第十三条 婚姻法第十二条所规定的自始无效，是指无效或者可撤销婚姻在依法被宣告无效或被撤销时，才确定该婚姻自始不受法律保护。

第十四条 人民法院根据当事人的申请，依法宣告婚姻无效或者撤销婚姻的，应当收缴双方的结婚证书并将生效的判决书寄送当地婚姻登记管理机关。

第十五条 被宣告无效或被撤销的婚姻，当事人同居期间所得的财产，按共同共有处理。但有证据证明为当事人一方所有的除外。

第十六条 人民法院审理重婚导致的无效婚姻案件时，涉及财产处理的，应当准许合法婚姻当事人作为有独立请求权的第三人参加诉讼。

第十七条 婚姻法第十七条关于"夫或妻对夫妻共同所有的财产，有平等的处理权"的规定，应当理解为：

（一）夫或妻在处理夫妻共同财产上的权利是平等的。因日常生活需要而处理夫妻共同财产的，任何一方均有权决定。

（二）夫或妻非因日常生活需要对夫妻共同财产做重要处理决定，夫妻双方应当平等协商，取得一致意见。他人有理由相信其为夫妻双方共同意思表示的，另一方不得以不同意或不知道为由对抗善意第三人。

第十八条 婚姻法第十九条所称"第三人知道该约定的"，夫妻一方对此负有举证责任。

第十九条 婚姻法第十八条规定为夫妻一方所有的财产，不因婚姻关系的延续而转化为夫妻共同财产。但当事人另有约定的除外。

第二十条 婚姻法第二十一条规定的"不能独立生活的子女"，是指尚在校接受高中及其以下学历教育，或者丧失或未完全丧失劳动能力等非因主观原因而无法维持正常生活的成年子女。

第二十一条 婚姻法第二十一条所称"抚养费"，包括子女生活费、教育费、医疗费等费用。

第二十二条 人民法院审理离婚案件，符合第三十二条第二款规定"应准予离婚"情形的，不应当因当事人有过错而判决不准离婚。

第二十三条 婚姻法第三十三条所称的"军人一方有重大过错"，可以依据婚姻法第三十二条第三款前三项规定及军人有其他重大过错导致夫妻感情破裂的情形予以判断。

第二十四条 人民法院作出的生效的离婚判决中未涉及探望权，当事人就探望权问题单独提起诉讼的，人民法院应予受理。

第二十五条 当事人在履行生效判决、裁定或者调解书的过程中，请求中止行使探望权的，人民法院在征询双方当事人意见后，认为需要中止行使探望权的，依法作出裁定。中止探望的情形消失后，人民法院应当根据当事人的申请通知其恢复探望权的行使。

第二十六条　未成年子女、直接抚养子女的父或母及其他对未成年子女负担抚养、教育义务的法定监护人，有权向人民法院提出中止探望权的请求。

第二十七条　婚姻法第四十二条所称"一方生活困难"，是指依靠个人财产和离婚时分得的财产无法维持当地基本生活水平。

一方离婚后没有住处的，属于生活困难。

离婚时，一方以个人财产中的住房对生活困难者进行帮助的形式，可以是房屋的居住权或者房屋的所有权。

第二十八条　婚姻法第四十六条规定的"损害赔偿"，包括物质损害赔偿和精神损害赔偿。涉及精神损害赔偿的，适用最高人民法院《关于确定民事侵权精神损害赔偿责任若干问题的解释》的有关规定。

第二十九条　承担婚姻法第四十六条规定的损害赔偿责任的主体，为离婚诉讼当事人中无过错方的配偶。

人民法院判决不准离婚的案件，对于当事人基于婚姻法第四十六条提出的损害赔偿请求，不予支持。

在婚姻关系存续期间，当事人不起诉离婚而单独依据该条规定提起损害赔偿请求的，人民法院不予受理。

第三十条　人民法院受理离婚案件时，应当将婚姻法第四十六条等规定中当事人的有关权利义务，书面告知当事人。在适用婚姻法第四十六条时，应当区分以下不同情况：

（一）符合婚姻法第四十六条规定的无过错方作为原告基于该条规定向人民法院提起损害赔偿请求的，必须在离婚诉讼的同时提出。

（二）符合婚姻法第四十六条规定的无过错方作为被告的离婚

诉讼案件，如果被告不同意离婚也不基于该条规定提起损害赔偿请求的，可以在离婚后一年内就此单独提起诉讼。

（三）无过错方作为被告的离婚诉讼案件，一审时被告未基于婚姻法第四十六条规定提出损害赔偿请求，二审期间提出的，人民法院应当进行调解，调解不成的，告知当事人在离婚后一年内另行起诉。

第三十一条　当事人依据婚姻法第四十七条的规定向人民法院提起诉讼，请求再次分割夫妻共同财产的诉讼时效为两年，从当事人发现之次日起计算。

第三十二条　婚姻法第四十八条关于对拒不执行有关探望子女等判决和裁定的，由人民法院依法强制执行的规定，是指对拒不履行协助另一方行使探望权的有关个人和单位采取拘留、罚款等强制措施，不能对子女的人身、探望行为进行强制执行。

第三十三条　婚姻法修改后正在审理的一、二审婚姻家庭纠纷案件，一律适用修改后的婚姻法。此前最高人民法院作出的相关司法解释如与本解释相抵触，以本解释为准。

第三十四条　本解释自公布之日起施行。

最高人民法院关于适用《中华人民共和国婚姻法》若干问题的解释（二）

法释〔2003〕19 号

（2003 年 12 月 26 日最高人民法院发布）

为正确审理婚姻家庭纠纷案件，根据《中华人民共和国婚姻法》（以下简称"婚姻法"）、《中华人民共和国民事诉讼法》等相关法律规定，对人民法院适用婚姻法的有关问题作出如下解释：

第一条 当事人起诉请求解除同居关系的，人民法院不予受理。但当事人请求解除的同居关系，属于婚姻法第三条、第三十二条、第四十六条规定的"有配偶者与他人同居"的，人民法院应当受理并依法予以解除。

当事人因同居期间财产分割或者子女抚养纠纷提起诉讼的，人民法院应当受理。

第二条 人民法院受理申请宣告婚姻无效案件后，经审查确属无效婚姻的，应当依法作出宣告婚姻无效的判决。原告申请撤诉的，不予准许。

第三条 人民法院受理离婚案件后，经审查确属无效婚姻的，应当将婚姻无效的情形告知当事人，并依法作出宣告婚姻无效的判决。

第四条 人民法院审理无效婚姻案件，涉及财产分割和子女抚养的，应当对婚姻效力的认定和其他纠纷的处理分别制作裁判文书。

第五条 夫妻一方或者双方死亡后一年内，生存一方或者利害关系人依据婚姻法第十条的规定申请宣告婚姻无效的，人民法院应当受理。

第六条　利害关系人依据婚姻法第十条的规定，申请人民法院宣告婚姻无效的，利害关系人为申请人，婚姻关系当事人双方为被申请人。

夫妻一方死亡的，生存一方为被申请人。

夫妻双方均已死亡的，不列被申请人。

第七条　人民法院就同一婚姻关系分别受理了离婚和申请宣告婚姻无效案件的，对于离婚案件的审理，应当待申请宣告婚姻无效案件作出判决后进行。

前款所指的婚姻关系被宣告无效后，涉及财产分割和子女抚养的，应当继续审理。

第八条　离婚协议中关于财产分割的条款或者当事人因离婚就财产分割达成的协议，对男女双方具有法律约束力。

当事人因履行上述财产分割协议发生纠纷提起诉讼的，人民法院应当受理。

第九条　男女双方协议离婚后一年内就财产分割问题反悔，请求变更或者撤销财产分割协议的，人民法院应当受理。

人民法院审理后，未发现订立财产分割协议时存在欺诈、胁迫等情形的，应当依法驳回当事人的诉讼请求。

第十条　当事人请求返还按照习俗给付的彩礼的，如果查明属于以下情形，人民法院应当予以支持：

（一）双方未办理结婚登记手续的

（二）双方办理结婚登记手续但确未共同生活的

（三）婚前给付并导致给付人生活困难的。

适用前款第（二）、（三）项的规定，应当以双方离婚为条件。

第十一条　婚姻关系存续期间，下列财产属于婚姻法第十七条规定的"其他应当归共同所有的财产"：

（一）一方以个人财产投资取得的收益

（二）男女双方实际取得或者应当取得的住房补贴、住房公积金

（三）男女双方实际取得或者应当取得的养老保险金、破产安置补偿费。

第十二条 婚姻法第十七条第三项规定的"知识产权的收益"，是指婚姻关系存续期间，实际取得或者已经明确可以取得的财产性收益。

第十三条 军人的伤亡保险金、伤残补助金、医药生活补助费属于个人财产。

第十四条 人民法院审理离婚案件，涉及分割发放到军人名下的复员费、自主择业费等一次性费用的，以夫妻婚姻关系存续年限乘以年平均值，所得数额为夫妻共同财产。

前款所称年平均值，是指将发放到军人名下的上述费用总额按具体年限均分得出的数额。其具体年限为人均寿命七十岁与军人入伍时实际年龄的差额。

第十五条 夫妻双方分割共同财产中的股票、债券、投资基金份额等有价证券以及未上市股份有限公司股份时，协商不成或者按市价分配有困难的，人民法院可以根据数量按比例分配。

第十六条 人民法院审理离婚案件，涉及分割夫妻共同财产中以一方名义在有限责任公司的出资额，另一方不是该公司股东的，按以下情形分别处理：

（一）夫妻双方协商一致将出资额部分或者全部转让给该股东的配偶，过半数股东同意、其他股东明确表示放弃优先购买权的，该股东的配偶可以成为该公司股东

（二）夫妻双方就出资额转让份额和转让价格等事项协商一致后，过半数股东不同意转让，但愿意以同等价格购买该出资额的，人民法院可以对转让出资所得财产进行分割。过半数股东不同意转让，也不愿意以同等价格购买该出资额的，视为其同意转让，该股东的配偶可以成为该公司股东。

用于证明前款规定的过半数股东同意的证据，可以是股东会决

议，也可以是当事人通过其他合法途径取得的股东的书面声明材料。

第十七条　人民法院审理离婚案件，涉及分割夫妻共同财产中以一方名义在合伙企业中的出资，另一方不是该企业合伙人的，当夫妻双方协商一致，将其合伙企业中的财产份额全部或者部分转让给对方时，按以下情形分别处理：

（一）其他合伙人一致同意的，该配偶依法取得合伙人地位

（二）其他合伙人不同意转让，在同等条件下行使优先受让权的，可以对转让所得的财产进行分割

（三）其他合伙人不同意转让，也不行使优先受让权，但同意该合伙人退伙或者退还部分财产份额的，可以对退还的财产进行分割

（四）其他合伙人既不同意转让，也不行使优先受让权，又不同意该合伙人退伙或者退还部分财产份额的，视为全体合伙人同意转让，该配偶依法取得合伙人地位。

第十八条　夫妻以一方名义投资设立独资企业的，人民法院分割夫妻在该独资企业中的共同财产时，应当按照以下情形分别处理：

（一）一方主张经营该企业的，对企业资产进行评估后，由取得企业一方给予另一方相应的补偿

（二）双方均主张经营该企业的，在双方竞价基础上，由取得企业的一方给予另一方相应的补偿

（三）双方均不愿意经营该企业的，按照《中华人民共和国个人独资企业法》等有关规定办理。

第十九条　由一方婚前承租、婚后用共同财产购买的房屋，房屋权属证书登记在一方名下的，应当认定为夫妻共同财产。

第二十条　双方对夫妻共同财产中的房屋价值及归属无法达成协议时，人民法院按以下情形分别处理：

（一）双方均主张房屋所有权并且同意竞价取得的，应当准许。

（二）一方主张房屋所有权的，由评估机构按市场价格对房屋作出评估，取得房屋所有权的一方应当给予另一方相应的补偿。

（三）双方均不主张房屋所有权的，根据当事人的申请拍卖房屋，就所得价款进行分割。

第二十一条 离婚时双方对尚未取得所有权或者尚未取得完全所有权的房屋有争议且协商不成的，人民法院不宜判决房屋所有权的归属，应当根据实际情况判决由当事人使用。

当事人就前款规定的房屋取得完全所有权后，有争议的，可以另行向人民法院提起诉讼。

第二十二条 当事人结婚前，父母为双方购置房屋出资的，该出资应当认定为对自己子女的个人赠与，但父母明确表示赠与双方的除外。

当事人结婚后，父母为双方购置房屋出资的，该出资应当认定为对夫妻双方的赠与，但父母明确表示赠与一方的除外。

第二十三条 债权人就一方婚前所负个人债务向债务人的配偶主张权利的，人民法院不予支持。但债权人能够证明所负债务用于婚后家庭共同生活的除外。

第二十四条 债权人就婚姻关系存续期间夫妻一方以个人名义所负债务主张权利的，应当按夫妻共同债务处理。但夫妻一方能够证明债权人与债务人明确约定为个人债务，或者能够证明属于婚姻法第十九条第三款规定情形的除外。

第二十五条 当事人的离婚协议或者人民法院的判决书、裁定书、调解书已经对夫妻财产分割问题作出处理的，债权人仍有权就夫妻共同债务向男女双方主张权利。

一方就共同债务承担连带清偿责任后，基于离婚协议或者人民法院的法律文书向另一方主张追偿的，人民法院应当支持。

第二十六条 夫或妻一方死亡的，生存一方应当对婚姻关系存续期间的共同债务承担连带清偿责任。

第二十七条 当事人在婚姻登记机关办理离婚登记手续后，以婚姻法第四十六条规定为由向人民法院提出损害赔偿请求的，人民法院应当受理。但当事人在协议离婚时已经明确表示放弃该项请求，或者在办理离婚登记手续一年后提出的，不予支持。

第二十八条 夫妻一方申请对配偶的个人财产或者夫妻共同财产采取保全措施的，人民法院可以在采取保全措施可能造成损失的范围内，根据实际情况，确定合理的财产担保数额。

第二十九条 本解释自 2004 年 4 月 1 日起施行。

本解释施行后，人民法院新受理的一审婚姻家庭纠纷案件，适用本解释。

本解释施行后，此前最高人民法院作出的相关司法解释与本解释相抵触的，以本解释为准。

最高人民法院关于适用《中华人民共和国婚姻法》若干问题的解释（三）

最高人民法院公告
法释〔2011〕18 号

《最高人民法院关于适用〈中华人民共和国婚姻法〉若干问题的解释（三）》已于 2011 年 7 月 4 日由最高人民法院审判委员会第 1525 次会议通过，现予公布，自 2011 年 8 月 13 日起施行。

二〇一一年八月九日

为正确审理婚姻家庭纠纷案件，根据《中华人民共和国婚姻法》、《中华人民共和国民事诉讼法》等相关法律规定，对人民法院适用婚姻法的有关问题作出如下解释：

第一条 当事人以婚姻法第十条规定以外的情形申请宣告婚姻无效的，人民法院应当判决驳回当事人的申请。当事人以结婚登记程序存在瑕疵为由提起民事诉讼，主张撤销结婚登记的，告知其可以依法申请行政复议或者提起行政诉讼。

第二条 夫妻一方向人民法院起诉请求确认亲子关系不存在，并已提供必要证据予以证明，另一方没有相反证据又拒绝做亲子鉴定的，人民法院可以推定请求确认亲子关系不存在一方的主张成立。当事人一方起诉请求确认亲子关系，并提供必要证据予以证明，另一方没有相反证据又拒绝做亲子鉴定的，人民法院可以推定请求确认亲子关系一方的主张成立。

第三条 婚姻关系存续期间，父母双方或者一方拒不履行抚养子女义务，未成年或者不能独立生活的子女请求支付抚养费的，人民法院应予支持。

第四条 婚姻关系存续期间，夫妻一方请求分割共同财产的，人民法院不予支持，但有下列重大理由且不损害债权人利益的除外：

（一）一方有隐藏、转移、变卖、毁损、挥霍夫妻共同财产或者伪造夫妻共同债务等严重损害夫妻共同财产利益行为的；

（二）一方负有法定扶养义务的人患重大疾病需要医治，另一方不同意支付相关医疗费用的。

第五条 夫妻一方个人财产在婚后产生的收益，除孳息和自然增值外，应认定为夫妻共同财产。

第六条 婚前或者婚姻关系存续期间，当事人约定将一方所有的房产赠与另一方，赠与方在赠与房产变更登记之前撤销赠与，另一方请求判令继续履行的，人民法院可以按照合同法第一百八十六条的规定处理。

第七条 婚后由一方父母出资为子女购买的不动产，产权登记在出资人子女名下的，可按照婚姻法第十八条第（三）项的规定，视为只对自己子女一方的赠与，该不动产应认定为夫妻一方的个人财产。

由双方父母出资购买的不动产，产权登记在一方子女名下的，该不动产可认定为双方按照各自父母的出资份额按份共有，但当事人另有约定的除外。

第八条 无民事行为能力人的配偶有虐待、遗弃等严重损害无民事行为能力一方的人身权利或者财产权益行为，其他有监护资格的人可以依照特别程序要求变更监护关系；变更后的监护人代理无民事行为能力一方提起离婚诉讼的，人民法院应予受理。

第九条 夫以妻擅自中止妊娠侵犯其生育权为由请求损害赔偿的，人民法院不予支持；夫妻双方因是否生育发生纠纷，致使感情确已破裂，一方请求离婚的，人民法院经调解无效，应依照婚姻法第三十二条第三款第（五）项的规定处理。

第十条　夫妻一方婚前签订不动产买卖合同，以个人财产支付首付款并在银行贷款，婚后用夫妻共同财产还贷，不动产登记于首付款支付方名下的，离婚时该不动产由双方协议处理。

依前款规定不能达成协议的，人民法院可以判决该不动产归产权登记一方，尚未归还的贷款为产权登记一方的个人债务。双方婚后共同还贷支付的款项及其相对应财产增值部分，离婚时应根据婚姻法第三十九条第一款规定的原则，由产权登记一方对另一方进行补偿。

第十一条　一方未经另一方同意出售夫妻共同共有的房屋，第三人善意购买、支付合理对价并办理产权登记手续，另一方主张追回该房屋的，人民法院不予支持。夫妻一方擅自处分共同共有的房屋造成另一方损失，离婚时另一方请求赔偿损失的，人民法院应予支持。

第十二条　婚姻关系存续期间，双方用夫妻共同财产出资购买以一方父母名义参加房改的房屋，产权登记在一方父母名下，离婚时另一方主张按照夫妻共同财产对该房屋进行分割的，人民法院不予支持。购买该房屋时的出资，可以作为债权处理。

第十三条　离婚时夫妻一方尚未退休、不符合领取养老保险金条件，另一方请求按照夫妻共同财产分割养老保险金的，人民法院不予支持；婚后以夫妻共同财产缴付养老保险费，离婚时一方主张将养老金账户中婚姻关系存续期间个人实际缴付部分作为夫妻共同财产分割的，人民法院应予支持。

第十四条　当事人达成的以登记离婚或者到人民法院协议离婚为条件的财产分割协议，如果双方协议离婚未成，一方在离婚诉讼中反悔的，人民法院应当认定该财产分割协议没有生效，并根据实际情况依法对夫妻共同财产进行分割。

第十五条　婚姻关系存续期间，夫妻一方作为继承人依法可以继承的遗产，在继承人之间尚未实际分割，起诉离婚时另一方请求分割的，人民法院应当告知当事人在继承人之间实际分割遗产后另行起诉。

第十六条　夫妻之间订立借款协议，以夫妻共同财产出借给一方从事个人经营活动或用于其他个人事务的，应视为双方约定处分夫妻共同财产的行为，离婚时可按照借款协议的约定处理。

第十七条　夫妻双方均有婚姻法第四十六条规定的过错情形，一方或者双方向对方提出离婚损害赔偿请求的，人民法院不予支持。

第十八条　离婚后，一方以尚有夫妻共同财产未处理为由向人民法院起诉请求分割的，经审查该财产确属离婚时未涉及的夫妻共同财产，人民法院应当依法予以分割。

第十九条　本解释施行后，最高人民法院此前作出的相关司法解释与本解释相抵触的，以本解释为准。

本解释自 2011 年 8 月 13 日起施行。

最高人民法院关于适用《中华人民共和国婚姻法》若干问题的解释（二）的补充规定

最高人民法院公告

法释〔2017〕6号

《最高人民法院关于适用〈中华人民共和国婚姻法〉若干问题的解释（二）的补充规定》已于2017年2月20日由最高人民法院审判委员会第1710次会议通过，现予公布，自2017年3月1日起施行。

最高人民法院

2017年2月28日

最高人民法院关于适用《中华人民共和国婚姻法》若干问题的解释（二）的补充规定

在《最高人民法院关于适用〈中华人民共和国婚姻法〉若干问题的解释（二）》第二十四条的基础上增加两款，分别作为该条第二款和第三款：

夫妻一方与第三人串通，虚构债务，第三人主张权利的，人民法院不予支持。

夫妻一方在从事赌博、吸毒等违法犯罪活动中所负债务，第三人主张权利的，人民法院不予支持。

关于离婚案件的一般判案标准

（本文为参考资料）

一、如何认定夫妻感情确已破裂，是否准予离婚的标准

（一）夫妻感情尚未破裂，判决驳回诉讼请求的情形：

1. 第一次起诉离婚，被告表示不同意离婚，没有原则性矛盾，夫妻感情尚未完全破裂的；

2. 正在下岗待业的职工，对方因另一方下岗，经济困难第一次起诉离婚的。

（二）有下列情形之一，调解无效的，应准予离婚：

1. 重婚或有配偶者与他人同居的；

2. 实施家庭暴力或虐待、遗弃家庭成员的；

3. 有赌博、吸毒等恶习屡教不改的；

4. 因感情不和分居满二年的；

5. 一方被宣告失踪的；

6. 一方患有法定禁止结婚的疾病的，或一方有生理缺陷或其他原因不能发生性行为，且难以治愈的；

7. 婚前缺乏了解，草率结婚，婚后未建立起夫妻感情，难以共同生活的；

8. 婚前隐瞒精神病，婚后经治不愈，或者婚前知道对方患有精神病而与其结婚，或一方在夫妻共同生活期间患精神病，久治不愈的；

9. 一方欺骗对方，或者在结婚登记时弄虚作假，骗取《结婚证》的；

10. 双方办理结婚登记后，未同居生活，无和好可能的；

11. 包办、买卖婚姻，婚后一方随即提出离婚，或者虽共同生

活多年，但确未建立起夫妻感情的；

12. 经人民法院判决不准离婚后分居满 1 年，互不履行夫妻义务的；

13. 一方与他人通奸、同居，经教育仍无悔改表现，无过错一方起诉离婚，或者过错方起诉离婚，对方不同意离婚，经批评教育、处分，或在人民法院判决不准离婚后，过错方又起诉离婚，确无和好可能的；

14. 一方被依法判处长期徒刑，或其违法、犯罪行为严重伤害夫妻感情的。

15. 被诉方经本院依法传唤无故不到庭，且没有提出书面答辩意见，经依法缺席开庭审理，请求方离婚态度坚决，可以判决离婚。

（三）有关离婚案件的特别规定

1. 有关军婚的规定

（1）现役军人的配偶要求离婚，须得军人同意，但军人一方有重大过错的除外。

（2）如果是现役军人一方向非军人一方提出离婚，或者双方都是现役军人的离婚纠纷，则应按一般规定处理。

2. 不予受理的情况

（1）判决驳回离婚诉讼请求和调解和好以及原告撤诉或者按撤诉处理的离婚案件，没有新情况、新理由，原告在六个月内又起诉的，不予受理。

（2）女方在怀孕期间、分娩后一年内或中止妊娠后六个月内，男方不得提出离婚。

（四）无效婚姻和可撤销婚姻

1. 有下列情形之一的，婚姻无效：

（1）重婚的；

（2）有禁止结婚的亲属关系的；

（3）婚前患有医学上认为不应当结婚的疾病，婚后尚未治愈的；

（4）未到法定婚龄的。

2. 因胁迫结婚的，受胁迫的一方可以向婚姻登记机关或人民法院请求撤销该婚姻。受胁迫的一方撤销婚姻的请求，应当自结婚登记之日起一年内提出。被非法限制人身自由的当事人请求撤销婚姻的，应当自恢复人身自由之日起一年内提出。

二、离婚后子女抚养及抚养费的给付问题

（一）抚养费的归属问题

1. 离婚后，哺乳期内的子女，以随哺乳的母亲抚养为原则。

2. 两周岁以下的子女，一般随母亲生活。母方有下列情形之一的，可随父方生活：

（1）患有久治不愈的传染性疾病或其他严重疾病，子女不宜与其共同生活的；

（2）有抚养条件不尽抚养义务的，而父方要求子女随其生活的；

（3）因其他原因，子女确无法随母方生活的。

3. 父母双方协商两周岁以下子女随父方生活，并对子女健康成长无不利影响的，可予准许。

4. 对两周岁以上未成年的子女，父方和母方均要求随其生活，一方有下列情形之一的，可予优先考虑：

（1）已做绝育手术或因其他原因丧失生育能力的；

（2）子女随其生活时间较长，改变生活环境对子女健康成长明显不利的；

（3）无其他子女，而另一方有其他子女的；

（4）子女随其生活，对子女成长有利，而另一方患有久治不愈的传染性疾病或其他严重疾病，或者有其他不利于子女身心健康的情形，不宜与子女共同生活的；

（5）父方与母方抚养子女的条件基本相同，双方均要求子女与其共同生活，但子女单独随祖父母或外祖父母共同生活多年，且祖父母或外祖父母要求并且有能力帮助子女照顾孙子女或外孙子女的，可作为子女随父或母生活的优先条件予以考虑；

（6）父母双方对十周岁以上的未成年子女随父或随母生活发生争执的，应考虑该子女的意见；

（7）离婚时，服刑或者患病一方愿意抚养子女，且其父母愿意代养，另一方也同意的，可以准许，但该子女为十周岁以上的未成年人的，应当征求该子女的意见；

（8）父母协议变更子女抚养关系的，应予准许；

（9）生父与继母或生母与继父离婚时，对曾受其抚养教育的继子女，继父或继母不同意继续抚养的，仍应由生父母抚养；

（10）《中华人民共和国收养法》施行前，夫或妻一方收养的子女，对方未表示反对，并与该子女形成事实收养关系的，离婚后，应由双方负担子女的抚养费；夫或妻一方收养的子女，对方始终反对的，离婚后，应由收养方抚养该子女。

（二）离婚后，一方要求变更子女抚养关系的，应另行起诉。

一方要求变更子女抚养关系有下列情形之一的，应予支持：

1. 与子女共同生活的一方因患严重疾病或因伤残无力继续抚养子女的；

2. 与子女共同生活的一方不尽抚养义务或有虐待子女行为，或其与子女共同生活对子女身心健康确有不利影响的；

3. 十周岁以上未成年子女，愿随另一方生活，该方又有抚养能力的；

4. 有其他正当理由需要变更的。

（三）离婚后子女抚养费问题

1. 子女抚养费的数额，可根据子女的实际需要、父母负担能力和当地的实际水平确定。

有固定收入的，抚养费一般可按其月收入的百分之二十至三十的比例给付。负担两个以上子女抚养费的，比例可适当提高，但一般不得超过月总收入的百分之五十。

无固定收入的，抚养费的数额可依据当年总收入或同行业平均收入，参照上述比例确定。

有特殊情况的，可适当提高或降低上述比例。

2. 抚养费应定期给付，有条件的可一次性给付。

3. 对一方无经济收入或者下落不明的，可用其财物折抵子女抚养费。

4. 父母双方可以协议子女随一方生活并由抚养方负担子女全部抚养费。但经查实，抚养方的抚养能力明显不能保障子女所需费用，影响子女健康成长的，不予准许。

5. 抚养费的给付期限，一般至子女十八周岁为止。

6. 十六周岁以上不满十八周岁，以其劳动收入为主要生活来源，并能维持当地一般生活水平的，父母可停止给付抚养费。

7. 尚未独立生活的成年子女有下列情形之一，父母又有给付能力，仍应负担必要的抚养费：

（1）尚在校接受高中及其以下学历教育的；

（2）丧失或未完全丧失劳动能力等非因主观原因而无法维持正常生活的。

8. 父母离婚时关于子女抚养费的协议或判决，不妨碍子女在必要时向父母任何一方提出超过协议或判决原定数额的合理要求。子女要求抚养费有下列情形之一，父或母有给付能力的，应予支持：

（1）原定抚养费数额不足以维持当地实际生活水平的；

（2）因子女患病、上学，实际需要已超过原定数额的；

（3）有其他正当理由应当增加的。

（四）离婚后对子女的探视权问题

离婚后，不直接抚养子女的父或母，有探望子女的权利，另一方有协助的义务。

行使探望权的方式、时间由当事人协议，协议不成时，由人民法院判决。

父或母探望子女，不利于子女身心健康的，由人民法院依法中止探望的权利；中止的事由消失后，应当恢复探望的权利。

三、离婚时对共同财产的分割问题

（一）夫妻共同财产和个人财产

1. 夫妻双方婚姻关系存续期间所得的下列财产，归夫妻共同所有：

（1）工资、资金；

（2）生产、经营的收益；

（3）继承或赠与所得的财产，但遗嘱或赠与合同中确定只归夫或妻一方的财产除外；

（4）知识产权的收益；

（5）其他应当归共同所有的财产：

一方以个人财产投资取得的收益；

男女双方实际取得或者应当取得的住房补贴、住房公积金；

男女双方实际取得或者应当取得的养老保险金、破产安置补偿费；

由一方婚前承租、婚后用共同财产购买、房屋权属证书登记在一方名下的房屋；

当事人结婚后，父母为双方购置房屋出资的，该出资应当认定为对夫妻双方的赠与，但父母明确表示赠与一方的除外。

2. 有下列情形之一的，为夫妻一方的财产：

（1）一方的婚前财产；

（2）一方因身体受到伤害获得的医疗费、残疾人生活补助费等费用；

（3）遗嘱或赠与合同中确定只归夫或妻一方的财产；

（4）一方专用的生活用品；

（5）其他应当归一方的财产：

军人的伤亡保险金、伤残补助金、医药生活补助费；

当事人结婚前，父母为双方购置房屋出资的，该出资应当认定为对自己子女的个人赠与，但父母明确表示赠与双方的除外。

婚姻关系存续期间，一方个人财产因物质形态变化所得财产，除当事人另有约定外，为个人财产；

复婚、再婚前的财产符合《婚姻法》第十八条规定的，为个人财产；

房屋系一方婚前以个人财产支付首付款且房屋权属证书登记在一方名下，为个人婚前财产。婚姻关系存续期间，双方共同支付按揭贷款的，离婚时，由取得房屋所有权的一方返还对方相当于已付按揭贷款一半的款项，并计同期银行存款利息。

（二）夫妻共同财产分割的一般原则

1. 离婚时，夫妻的共同财产由双方协议处理；协议不成时，由人民法院根据财产的具体情况，照顾子女和女方权益的原则判决。

夫或妻在家庭土地承包经营中享有的权益等，应当依法予以保护。

2. 夫妻以书面形式约定婚姻关系存续期间所得的财产以及婚前财产归各自所有、共同所有或部分各自所有、部分共同所有的，离婚时应按约定处理。

3. 夫妻分居两地分别管理、使用的婚后财产，应认定为夫妻共同财产。在分割财产时，各自分别管理、使用的财产归各自所有。双方所分财产相差悬殊的，差额部分，由多得财产的一方以与差额相当的财产抵偿另一方。

4. 已登记结婚，尚未共同生活，一方或双方受赠的礼金、礼物应认定为夫妻共同财产，具体处理时应考虑财产来源、数量等情况合理分割。各自出资购置、各自使用的财物，原则上归各自所有。

5. 人民法院审理离婚案件，涉及分割发放到军人名下的复员费、自主择业费等一次性费用的，以夫妻婚姻关系存续年限乘以年平均值，所得数额为夫妻共同财产。

前款所称年平均值，是指将发放到军人名下的上述费用总额按具体年限均分得出的数额。其具体年限为人均寿命七十岁与军人入伍时实际年龄的差额。

6. 夫妻双方分割共同财产中的股票、债券、投资基金份额等有价证券以及未上市股份有限公司股份时，协商不成或者按市价分配有困难的，人民法院可以根据数量按比例分配。

（三）分割财产时，如何处理在有限责任公司、合伙企业组织等中的出资问题

1. 人民法院审理离婚案件，涉及分割夫妻共同财产中以一方名义在有限责任公司的出资额，另一方不是该公司股东的，按以下情形分别处理：

（1）夫妻双方协商一致将出资额部分或者全部转让给该股东的配偶，过半数股东同意、其他股东明确表示放弃优先购买权的，该股东的配偶可以成为该公司股东；

（2）夫妻双方就出资额转让份额和转让价格等事项协商一致后，过半数股东不同意转让，但愿意以同等价格购买该出资额的，人民法院可以对转让出资所得财产进行分割。过半数股东不同意转让，也不愿意以同等价格购买该出资额的，视为其同意转让，该股东的配偶可以成为该公司股东。

用于证明前款规定的过半数股东同意的证据，可以是股东会决议，也可以是当事人通过其他合法途径取得的股东的书面声明材料。

2. 人民法院审理离婚案件，涉及分割夫妻共同财产中以一方名义在合伙企业中的出资，另一方不是该企业合伙人的，当夫妻双方协商一致，将其合伙企业中的财产份额全部或者部分转让给对方

时，按以下情形分别处理：

（1）合伙人一致同意的，该配偶依法取得合伙人地位；

（2）其他合伙人不同意转让，在同等条件下行使优先受让权的，可以对转让所得的财产进行分割；

（3）其他合伙人不同意转让，也不行使优先受让权，但同意该合伙人退伙或者退还部分财产份额的，可以对退还的财产进行分割；

（4）其他合伙人既不同意转让，也不行使优先受让权，又不同意该合伙人退伙或者退还部分财产份额的，视为全体合伙人同意转让，该配偶依法取得合伙人地位。

3. 夫妻以一方名义投资设立独资企业的，人民法院分割夫妻在该独资企业中的共同财产时，应当按照以下情形分别处理：

（1）一方主张经营该企业的，对企业资产进行评估后，由取得企业一方给予另一方相应的补偿；

（2）双方均主张经营该企业的，在双方竞价基础上，由取得企业的一方给予另一方相应的补偿；

（3）双方均不愿意经营该企业的，按照《中华人民共和国个人独资企业法》等有关规定办理。

（四）如何处理房屋所有权归属问题

1. 双方对夫妻共同财产中的房屋价值及归属无法达成协议时，人民法院按以下情形分别处理：

（1）双方均主张房屋所有权并且同意竞价取得的，应当准许；

（2）一方主张房屋所有权的，由评估机构按市场价格对房屋作出评估，取得房屋所有权的一方应当给予另一方相应的补偿；

（3）双方均不主张房屋所有权的，根据当事人的申请拍卖房屋，就所得价款进行分割。

2. 离婚时双方对尚未取得所有权或者尚未取得完全所有权的房屋有争议且协商不成的，人民法院不宜判决房屋所有权的归属，应当根据实际情况判决由当事人使用。

当事人就前款规定的房屋取得完全所有权后，有争议的，可以另行向人民法院提起诉讼。

（五）关于离婚后公房承租权的处理

1. 夫妻共同居住的公房，具有下列情形之一的，离婚后，双方均可承租：

（1）婚前由一方承租的公房，婚姻关系存续5年以上的；

（2）婚前一方承租的本单位的房屋，离婚时，双方均为本单位职工的；

（3）一方婚前借款投资建房取得的公房承租权，婚后夫妻共同偿还借款的；

（4）婚后一方或双方申请取得公房承租权的；

（5）婚前一方承租的公房，婚后因该承租房屋拆迁而取得房屋承租权的；

（6）夫妻双方单位投资联建或联合购置的共有房屋的；

（7）一方将其承租的本单位的房屋，交回本单位或交给另一方单位后，另一方单位另给调换房屋的：

（8）婚前双方均租有公房，婚后合并调换房屋的；

（9）其他应当认定为夫妻双方均可承租的情形。

离婚时，夫妻双方均可承租的公房，如其面积较大能够隔开分室居住使用的，可由双方分别租住；对可以另调房屋分别租住或承租方给另一方解决住房的，可予准许。

2. 离婚时，一方对另一方婚前承租的公房无权承租问题的处理

（1）一方对另一方婚前承租的公房无权承租的，离婚后原则上应自行解决住房问题；

（2）离婚后确实无房居住，自行解决住房确有困难的，可以调解或判决无承租权一方暂时居住，暂住期限一般不超过二年。暂住期间，暂住方应交纳与房屋租金等额的使用费及其他必要费用；

（3）离婚时，一方对另一方婚前承租的公房无权承租而另行租房经济上确有困难的，如承租公房一方有负担能力，应给予一次性经济帮助。

3. 关于调整和变更单位自管房屋租凭关系问题的处理

人民法院在调整和变更单位自管房屋（包括单位委托房地产管理部门代管的房屋）的租赁关系时，应征求自管房单位的意见。经调解或判决变更房屋租赁关系的，承租人应依照有关规定办理房屋变更登记手续。

（六）离婚时债务的清偿问题

1. 下列债务为夫妻共同债务，应当以夫妻共同财产清偿：

（1）夫妻为共同生活或为履行抚养、赡养义务等所欠债务；

（2）个体工商户、农村承包经营户夫妻双方共同经营所欠的债务以及一方从事经营，其收入主要用于家庭共同生活的，所欠的债务为共同债务；

（3）在婚姻关系存续期间，一方因家庭析产所分得的债务；

（4）夫妻一方受另一方虐待，无法共同生活而离家出走，出走方为日常生活所需开支及治疗疾病、抚养子女等所欠债务。

2. 下列债务属于个人债务，应由一方以个人财产清偿：

（1）夫妻双方约定由个人负担的债务，但以逃避债务为目的的除外；

（2）一方未经对方同意，擅自资助与其没有抚养义务的亲朋所负的债务；

（3）一方未经对方同意，独自筹资从事经营活动，其收入确未用于共同生活所负的债务；

（4）其他应由个人承担的债务。

3. 离婚时，原为夫妻共同生活所负的债务，应当共同偿还。共同财产不足清偿的，或财产归各自所有的，由双方清偿；协议不成时，由人民法院判决。

4. 夫妻一方能够证明债权人与债务人明确约定为个人债务，或者能够证明属于婚姻法第十九条第三款规定情形的除外。

5. 当事人的离婚协议或者人民法院的判决书、裁定书、调解书已经对夫妻财产分割问题作出处理的，债权人仍有权就夫妻共同债务向男女双方主张权利。

一方就共同债务承担连带清偿责任后，基于离婚协议或人民法院的法律文书向另一方主张追偿的，人民法院应当支持。

6. 夫或妻一方死亡的，生存一方应当对婚姻关系存续期间的共同债务承担连带清偿责任。

（七）离婚时的过错赔偿问题

1. 有下列情形之一，导致离婚的，无过错方有权请求损害赔偿：

（1）重婚的；

（2）有配偶者与他人同居的；

（3）实施家庭暴力的；

（4）虐待、遗弃家庭成员的。

2. 符合婚姻法第四十六条规定的无过错方作为原告基于该条规定向人民法院提起损害赔偿请求的，必须在离婚诉讼的同时提出；

符合婚姻法第四十六条规定的无过错方作为被告的离婚诉讼案件，如果被告不同意离婚也不基于该条规定提起损害赔偿请求的，可以在离婚后 1 年内就此单独提起诉讼；

无过错方作为被告的离婚诉讼案件，一审时被告未基于婚姻法第四十六条规定提出赔偿请求，二审期间提出的，人民法院应当进行调解，调解不成的，告知当事人在离婚后 1 年内另行起诉；

当事人在婚姻登记机关办理离婚登记手续后，以婚姻法第四十六条规定为由向人民法院提出损害赔偿请求的，人民法院应当受理。但当事人在协议离婚时已经明确表示放弃该项请求，或者在办理离婚登记手续一年后提出的，不予支持。

（八）离婚时经济赔偿问题

1. 离婚时，如一方生活困难，另一方应从其住房等个人财产中给予适当帮助。具体办法由双方协议；协议不成时，由人民法院判决。

2. 有下列情形之一的，属生活困难：

（1）依靠个人财产和离婚时分得的财产无法维持当地基本生活水平的；

（2）离婚后没有住处的。

关于重婚罪的定义和一般认定标准

（本文为参考资料）

一、重婚罪的定义

重婚罪，是指有配偶又与他人结婚或者明知他人有配偶而与之结婚的行为。所谓有配偶，是指男人有妻、女人有夫，而且这种夫妻关系未经法律程序解除尚在存续的，即为有配偶的人；如果夫妻关系已经解除，或者因配偶一方死亡夫妻关系自然消失，即不再是有配偶的人。所谓又与他人结婚，包括骗取合法手续登记结婚的和虽未经婚姻登记手续但以夫妻关系共同生活的事实婚姻。所谓明知他人有配偶而与之结婚的，是指本人虽无配偶，但明知对方有配偶，而故意与之结婚的（包括登记结婚或者事实婚）。此种行为是有意破坏他人婚姻的行为。

二、重婚罪的认定标准

重婚是封建主义婚姻制度的产物，是剥削阶级腐化享乐思想在婚姻关系上的表现。在社会主义社会里，重婚是不允许的。但是，在市场经济体制建立与逐步健全的今天，重婚观念很严重。所谓"大款"养"二奶"已非常普遍。重婚是一个非常复杂的现象，在处理重婚案件时，罪与非罪的界限往往难以区分。应从以下几个方面来区分重婚罪与非罪的界限。

（一）要区分重婚罪与有配偶的妇女被拐卖而重婚的界限。近几年来，拐骗、贩卖妇女的犯罪相当严重。有的妇女已经结婚，但被犯罪分子拐骗、贩卖后被迫与他人结婚，在这种情况下，被拐卖的妇女在客观上尽管有重婚行为，但其主观上并无重婚的故意，与他人重婚是违背其意愿的、是他人欺骗或强迫的结果。

（二）要区分重婚罪与临时姘居的界限。姘居，是指男女双方未经结婚而临时在一起以夫妻名义共同生活，不构成重婚罪。最高人民法院1958年1月27日在《关于如何认定重婚行为问题的批复》中指出："如两人虽然同居，但明显只是临时姘居关系，彼此以'姘头'相对待，随时可以自由撤散，或者在约定时期届满后即结束姘居关系的，则只能认为是单纯非法同居，不能认为是重婚。"

（三）从情节是否严重来区分罪与非罪的界限。在实践中，重婚行为的情节和危害有轻重大小之分。根据本法第13条的规定，"情节显著轻微危害不大的，不认为是犯罪。"所以，有重婚行为，并不一定就构成重婚罪。只有情节较为严重，危害较大的重婚行为，才构成犯罪。根据立法精神和实践经验，下面两种重婚行为不构成重婚罪：

1. 夫妻一方因不堪虐待外逃而重婚的。实践中，由于封建思想或者家庭矛盾等因素的影响，夫妻间虐待的现象时有发生。如果一方，尤其是妇女，因不堪虐待而外逃后，在外地又与他人结婚，由于这种重婚行为的动机是为了摆脱虐待，社会危害性明显较小，所以不宜以重婚罪论处。

2. 因遭受灾害外逃而与他人重婚的。因遭受灾害在原籍无法生活而外流谋生的。一方知道对方还健在，有的甚至是双方一同外流谋生，但迫于生计，而不得不在原夫妻关系存在的情况下又与他人结婚。这种重婚行为尽管有重婚故意，但其社会危害性不大，也不宜以重婚罪论处。

三、重婚案件的管辖权

《公安部最高人民法院最高人民检察院关于重婚案件管辖问题的通知》（注：该法规于2010-12-22被废止）规定如下：关于重婚案件的管辖分工，1979年12月15日最高人民法院、最高人民检察院和公安部联合发出的《关于执行刑事诉讼法规定的案件管辖范围的通知》，依照刑事诉讼法第十三条的规定，曾将重婚案件列为不需要进行侦查的轻微的刑事案件，规定由人民法院直接受理。但近几年各地不断发现有些重婚案件的被害人（指犯重婚罪者的配偶，下同）由于各种原因而不提出控告。对于这种没有原告的重婚案件，人民法院无法受理，也无法依照刑事诉讼法规定的程序和制度进行审判，致使这些犯重婚罪者逍遥法外，逃避了法律的制裁。这不仅有损法制的威严，影响新婚姻法的贯彻实施；而且败坏社会的道德风尚，不利于建设社会主义精神文明。现为了及时依法处理这类重婚案件，特对重婚案件的管辖分工作如下补充规定：

（一）对于由被害人提出控告的重婚案件，仍按 1979 年 12 月 15 日发出的《关于执行刑事诉讼法规定的案件管辖范围的通知》的规定执行，由人民法院直接受理。

（二）对于被害人不控告，而由人民群众、社会团体或有关单位提出控告的重婚案件，由人民检察院审查决定应否对该案件提起公诉或者免予起诉。对免予起诉的重婚案件，可以建议被告人所在单位给予被告人行政处分，并责令其立即解除非法的婚姻关系。

（三）公安机关发现有配偶的人与他人非法姘居的，应责令其立即结束非法姘居，并具结悔过；屡教不改的，可交由其所在单位给予行政处分，或者由公安机关酌情予以治安处罚；情节恶劣的，交由劳动教养机关实行劳动教养。

（四）对于被害人或者人民群众、社会团体和有关单位就重婚案件提出的控告或检举，公安机关、人民检察院、人民法院都应当接受。不属于自己管辖的，应当移送主管机关处理。

以上是重婚罪的定义与认定标准的介绍。须提醒的是，重婚与有配偶者同居都是婚外与他人同居的行为，但是两者的法律定义不同，重婚系是以夫妻关系的名义共同生活，而有配偶者与他人同居则不是以夫妻名义同居生活；有配偶者与他人同居的行为将承担民事责任，而重婚是破坏国家婚姻制度的犯罪行为。因此，应将两者区别开来。

《婚姻法》关于禁止近亲结婚的规定

（本文为参考资料）

一、关于禁止近亲结婚的规定

《婚姻法》第 7 条规定，有下列情形之一的，禁止结婚：

（一）直系血亲和三代以内的旁系血亲；

（二）患有医学上认为不应当结婚的疾病。

二、哪些近亲禁止结婚

我国禁止结婚的血亲范围可以分为两大类：

（一）直系血亲

即父母和子女之间；祖父母、外祖父母和孙子女、外孙子女之间、曾祖父母、外曾祖父母和曾孙子女、外曾孙子女之间。我国《婚姻登记条例》第 6 条第四款规定，属于直系血亲或者三代以内旁系血亲的，婚姻登记机关不予结婚登记。

（二）三代以内旁系血亲

包括兄弟姐妹之间、堂兄弟姐妹之间、表兄弟姐妹之间，叔伯与侄女之间、姑妈与侄子之间、舅父与外甥女之间、姨妈与外甥之间。

三、拟制血亲间不可通婚

我国《婚姻法》规定，养父母和养子女、继父母与受其抚养教育的继子女之间的权利和义务，适用法律关于父母子女关系的有关规定。因此，不同辈分的拟制血亲间也不应结婚。另外，从养子女和受抚养教育的继子女的利益来看，禁止拟制血亲之间通婚，也可以防止养父母或继父母利用抚养和被抚养的关系逼婚，损害下一代的利益。

四、法院对近亲结婚的无效婚姻的处理

《婚姻法司法解释（二）》第 2 条规定，人民法院受理申请宣告婚姻无效案件后，经审查确属无效婚姻的，应当依法作出宣告婚姻无效的判决。原告申请撤诉的，不予准许。《婚姻法司法解释（一）》第9条还规定，人民法院审理宣告婚姻无效案件，对婚姻效力的审理不适用调解，应当依法作出判决；有关婚姻效力的判决一经作出，即发生法律效力。当事人不可以提前上诉。涉及财产分割和子女抚养的，可以调解。调解达成协议的，另行制作调解书。对财产分割和子女抚养问题的判决不服的，当事人可以上诉。

五、已经与近亲结婚的应对方法

即使已经成婚的，在考虑怀孕之前应该进行遗传咨询，出生后的孩子要定期检查。如果第一个孩子生后患遗传性疾病，是不是生第二胎应去医院进行遗传咨询。如果抱着侥幸的心理，冒风险再生一个，可以说其遗传性疾病的发生率就要远远比一般人群要高了。

婚姻登记条例

中华人民共和国国务院令

第 387 号

《婚姻登记条例》已经 2003 年 7 月 30 日国务院第 16 次常务会议通过，现予公布，自 2003 年 10 月 1 日起施行。

总理　温家宝

二〇〇三年八月八日

第一章　总　则

第一条　为了规范婚姻登记工作，保障婚姻自由、一夫一妻、男女平等的婚姻制度的实施，保护婚姻当事人的合法权益，根据《中华人民共和国婚姻法》（以下简称婚姻法），制定本条例。

第二条　内地居民办理婚姻登记的机关是县级人民政府民政部门或者乡（镇）人民政府，省、自治区、直辖市人民政府可以按照便民原则确定农村居民办理婚姻登记的具体机关。

中国公民同外国人，内地居民同香港特别行政区居民（以下简称香港居民）、澳门特别行政区居民（以下简称澳门居民）、台湾地区居民（以下简称台湾居民）、华侨办理婚姻登记的机关是省、自治区、直辖市人民政府民政部门或者省、自治区、直辖市人民政府民政部门确定的机关。

第三条 婚姻登记机关的婚姻登记员应当接受婚姻登记业务培训，经考核合格，方可从事婚姻登记工作。

婚姻登记机关办理婚姻登记，除按收费标准向当事人收取工本费外，不得收取其他费用或者附加其他义务。

第二章 结婚登记

第四条 内地居民结婚，男女双方应当共同到一方当事人常住户口所在地的婚姻登记机关办理结婚登记。

中国公民同外国人在中国内地结婚的，内地居民同香港居民、澳门居民、台湾居民、华侨在中国内地结婚的，男女双方应当共同到内地居民常住户口所在地的婚姻登记机关办理结婚登记。

第五条 办理结婚登记的内地居民应当出具下列证件和证明材料：

（一）本人的户口簿、身份证；

（二）本人无配偶以及与对方当事人没有直系血亲和三代以内旁系血亲关系的签字声明。

办理结婚登记的香港居民、澳门居民、台湾居民应当出具下列证件和证明材料：

（一）本人的有效通行证、身份证；

（二）经居住地公证机构公证的本人无配偶以及与对方当事人没有直系血亲和三代以内旁系血亲关系的声明。

办理结婚登记的华侨应当出具下列证件和证明材料：

（一）本人的有效护照；

（二）居住国公证机构或者有权机关出具的、经中华人民共和国驻该国使（领）馆认证的本人无配偶以及与对方当事人没有直系血亲和三代以内旁系血亲关系的证明，或者中华人民共和国驻该国使（领）馆出具的本人无配偶以及与对方当事人没有直系血亲和三代以内旁系血亲关系的证明。

办理结婚登记的外国人应当出具下列证件和证明材料：

（一）本人的有效护照或者其他有效的国际旅行证件；

（二）所在国公证机构或者有权机关出具的、经中华人民共和国驻该国使（领）馆认证或者该国驻华使（领）馆认证的本人无配偶的证明，或者所在国驻华使（领）馆出具的本人无配偶的证明。

第六条　办理结婚登记的当事人有下列情形之一的，婚姻登记机关不予登记：

（一）未到法定结婚年龄的；

（二）非双方自愿的；

（三）一方或者双方已有配偶的；

（四）属于直系血亲或者三代以内旁系血亲的；

（五）患有医学上认为不应当结婚的疾病的。

第七条　婚姻登记机关应当对结婚登记当事人出具的证件、证明材料进行审查并询问相关情况。对当事人符合结婚条件的，应当当场予以登记，发给结婚证；对当事人不符合结婚条件不予登记的，应当向当事人说明理由。

第八条　男女双方补办结婚登记的，适用本条例结婚登记的规定。

第九条　因胁迫结婚的，受胁迫的当事人依据婚姻法第十一条的规定向婚姻登记机关请求撤销其婚姻的，应当出具下列证明材料：

（一）本人的身份证、结婚证；

（二）能够证明受胁迫结婚的证明材料。

婚姻登记机关经审查认为受胁迫结婚的情况属实且不涉及子女抚养、财产及债务问题的，应当撤销该婚姻，宣告结婚证作废。

第三章　离婚登记

第十条　内地居民自愿离婚的，男女双方应当共同到一方当事人常住户口所在地的婚姻登记机关办理离婚登记。

中国公民同外国人在中国内地自愿离婚的，内地居民同香港居民、澳门居民、台湾居民、华侨在中国内地自愿离婚的，男女双方应当共同到内地居民常住户口所在地的婚姻登记机关办理离婚登记。

第十一条　办理离婚登记的内地居民应当出具下列证件和证明材料：

（一）本人的户口簿、身份证；

（二）本人的结婚证；

（三）双方当事人共同签署的离婚协议书。

办理离婚登记的香港居民、澳门居民、台湾居民、华侨、外国人除应当出具前款第（二）项、第（三）项规定的证件、证明材料外，香港居民、澳门居民、台湾居民还应当出具本人的有效通行证、身份证，华侨、外国人还应当出具本人的有效护照或者其他有效国际旅行证件。

离婚协议书应当载明双方当事人自愿离婚的意思表示以及对子女抚养、财产及债务处理等事项协商一致的意见。

第十二条　办理离婚登记的当事人有下列情形之一的，婚姻登记机关不予受理：

（一）未达成离婚协议的；

（二）属于无民事行为能力人或者限制民事行为能力人的；

（三）其结婚登记不是在中国内地办理的。

第十三条 婚姻登记机关应当对离婚登记当事人出具的证件、证明材料进行审查并询问相关情况。对当事人确属自愿离婚，并已对子女抚养、财产、债务等问题达成一致处理意见的，应当当场予以登记，发给离婚证。

第十四条 离婚的男女双方自愿恢复夫妻关系的，应当到婚姻登记机关办理复婚登记。复婚登记适用本条例结婚登记的规定。

第四章　婚姻登记档案和婚姻登记证

第十五条 婚姻登记机关应当建立婚姻登记档案。婚姻登记档案应当长期保管。具体管理办法由国务院民政部门会同国家档案管理部门规定。

第十六条 婚姻登记机关收到人民法院宣告婚姻无效或者撤销婚姻的判决书副本后，应当将该判决书副本收入当事人的婚姻登记档案。

第十七条 结婚证、离婚证遗失或者损毁的，当事人可以持户口簿、身份证向原办理婚姻登记的机关或者一方当事人常住户口所在地的婚姻登记机关申请补领。婚姻登记机关对当事人的婚姻登记档案进行查证，确认属实的，应当为当事人补发结婚证、离婚证。

第五章　罚　则

第十八条 婚姻登记机关及其婚姻登记员有下列行为之一的，对直接负责的主管人员和其他直接责任人员依法给予行政处分：

（一）为不符合婚姻登记条件的当事人办理婚姻登记的；

（二）玩忽职守造成婚姻登记档案损失的；

（三）办理婚姻登记或者补发结婚证、离婚证超过收费标准收取费用的。

违反前款第（三）项规定收取的费用，应当退还当事人。

第六章　附　则

第十九条　中华人民共和国驻外使（领）馆可以依照本条例的有关规定，为男女双方均居住于驻在国的中国公民办理婚姻登记。

第二十条　本条例规定的婚姻登记证由国务院民政部门规定式样并监制。

第二十一条　当事人办理婚姻登记或者补领结婚证、离婚证应当交纳工本费。工本费的收费标准由国务院价格主管部门会同国务院财政部门规定并公布。

第二十二条　本条例自 2003 年 10 月 1 日起施行。1994 年 1 月 12 日国务院批准、1994 年 2 月 1 日民政部发布的《婚姻登记管理条例》同时废止。

附　录

婚前保健工作规范（修订）

卫生部关于印发《婚前保健工作

规范（修订）》的通知

卫基妇发〔2002〕147号

各省、自治区、直辖市、计划单列市卫生厅（局）：

婚前保健是《中华人民共和国母婴保健法》规定的母婴保健服务的重要工作内容。根据《中华人民共和国母婴保健法实施办法》，针对目前婚前保健工作中存在的问题，我部对1997年制定的《婚前保健工作规范》进行了修订。现将修订后的《婚前保健工作规范（修订）》印发给你们，请认真贯彻执行。

原《婚前保健工作规范》同时废止。

中华人民共和国卫生部

二○○二年六月十七日

为向公民提供优质保健服务，提高生活质量和出生人口素质，根据《中华人民共和国母婴保健法》（以下简称《母婴保健法》）、《中华人民共和国母婴保健法实施办法》及相关法律、法规，制定婚前保健工作规范。

一、婚前保健服务内容

婚前保健服务是对准备结婚的男女双方，在结婚登记前所进行的婚前医学检查、婚前卫生指导和婚前卫生咨询服务。

（一）婚前医学检查

婚前医学检查是对准备结婚的男女双方可能患影响结婚和生育的疾病进行的医学检查。

1. 婚前医学检查项目包括询问病史，体格检查，常规辅助检查和其他特殊检查。

检查女性生殖器官时应做肛门腹壁双合诊，如需做阴道检查，须征得本人或家属同意后进行。除处女膜发育异常外，严禁对其完整性进行描述。对可疑发育异常者，应慎重诊断。

常规辅助检查应进行胸部透视，血常规、尿常规、梅毒筛查，血转氨酶和乙肝表面抗原检测、女性阴道分泌物滴虫、霉菌检查。

其他特殊检查，如乙型肝炎血清学标志检测、淋病、艾滋病、支原体和衣原体检查、精液常规、B 型超声、乳腺、染色体检查等，应根据需要或自愿原则确定。

2. 婚前医学检查的主要疾病

（1）严重遗传性疾病：由于遗传因素先天形成，患者全部或部分丧失自主生活能力，子代再现风险高，医学上认为不宜生育的疾病。

（2）指定传染病：《中华人民共和国传染病防治法》中规定的艾滋病、淋病、梅毒以及医学上认为影响结婚和生育的其他传染病。

（3）有关精神病：精神分裂症、躁狂抑郁型精神病以及其他重型精神病。

（4）其他与婚育有关的疾病，如重要脏器疾病和生殖系统疾病等。

3. 婚前医学检查的转诊

婚前医学检查实行逐级转诊制度。对不能确诊的疑难病症，应由原婚前医学检查单位填写统一的转诊单，转至设区的市级以上人民政府卫生行政部门指定的医疗保健机构进行确诊。该机构应将确诊结果和检测报告反馈给原婚前医学检查单位。原婚前医学检查单位应根据确诊结果填写《婚前医学检查证明》，并保留原始资料。

对婚前医学检查结果有异议的，可申请母婴保健技术鉴定。

4. 医学意见

婚前医学检查单位应向接受婚前医学检查的当事人出具《婚前医学检查证明》，并在"医学意见"栏内注明：

（1）双方为直系血亲、三代以内旁系血亲关系，以及医学上认为不宜结婚的疾病，如发现一方或双方患有重度、极重度智力低下，不具有婚姻意识能力；重型精神病，在病情发作期有攻击危害行为的，注明"建议不宜结婚"。

（2）发现医学上认为不宜生育的严重遗传性疾病或其他重要脏器疾病，以及医学上认为不宜生育的疾病的，注明"建议不宜生育"。

（3）发现指定传染病在传染期内、有关精神病在发病期内或其他医学上认为应暂缓结婚的疾病时，注明"建议暂缓结婚"；对于婚检发现的可能会终生传染的不在发病期的传染病患者或病原体携带者，在出具婚前检查医学意见时，应向受检者说明情况，提出预防、治疗及采取其他医学措施的意见。若受检者坚持结婚，应充分尊重受检双方的意愿，注明"建议采取医学措施，尊重受检者意愿"。

（4）未发现前款第（1）、（2）、（3）类情况，为婚检时法定允许结婚的情形，注明"未发现医学上不宜结婚的情形"。

在出具任何一种医学意见时，婚检医师应当向当事人说明情况，并进行指导。

（二）婚前卫生指导

婚前卫生指导是对准备结婚的男女双方进行的以生殖健康为核心，与结婚和生育有关的保健知识的宣传教育。

1. 婚前卫生指导内容

（1）有关性保健和性教育

（2）新婚避孕知识及计划生育指导

（3）受孕前的准备、环境和疾病对后代影响等孕前保健知识

（4）遗传病的基本知识

（5）影响婚育的有关疾病的基本知识

（6）其他生殖健康知识

2. 婚前卫生指导方法

由省级妇幼保健机构根据婚前卫生指导的内容，制定宣传教育材料。婚前保健机构通过多种方法系统地为服务对象进行婚前生殖健康教育，并向婚检对象提供婚前保健宣传资料。宣教时间不少于40分钟，并进行效果评估。

（三）婚前卫生咨询

婚检医师应针对医学检查结果发现的异常情况以及服务对象提出的具体问题进行解答、交换意见、提供信息，帮助受检对象在知情的基础上作出适宜的决定。医师在提出"不宜结婚"、"不宜生育"和"暂缓结婚"等医学意见时，应充分尊重服务对象的意愿，耐心、细致地讲明科学道理，对可能产生的后果给予重点解释，并由受检双方在体检表上签署知情意见。

二、婚前保健服务机构及人员的管理

（一）婚前医学检查机构与人员的审批

1. 从事婚前医学检查的机构，必须是取得《医疗机构执业许可证》的医疗、保健机构，并经其所在地设区的地（市）级卫生行政部门审查，取得《母婴保健技术服务执业许可证》。在其《医疗机构执业许可证》副本上须予以注明。设立婚前医学检查机构，

应当方便公民。

从事外国人、港澳台居民和居住在国外的中国公民婚前医学检查的医疗、保健机构，应为具备条件的省级医疗、保健机构。有特殊需要的，需征求省、自治区、直辖市卫生行政部门的意见，同意后可为设区的地（市）级、县级医疗保健机构。

2. 从事婚前医学检查的人员，必须取得《执业医师证书》和《母婴保健技术考核合格证书》。主检医师必须取得主治医师以上技术职称。

（二）婚前保健服务机构基本标准

1. 应是县级以上医疗、保健机构。

2. 房屋要求：分别设置专用的男、女婚前医学检查室，有条件的地区设置专用综合检查室、婚前卫生宣传教育室和咨询室、检验室及其他相关辅助科室。

3. 设备要求：

（1）女婚检室：诊查床、听诊器、血压计、体重计、视力表、色谱仪、叩诊槌（如设有综合检查室，以上设备应放置在综合检查室）、妇科检查床、器械桌、妇科检查器械、手套、臀垫、化验用品、屏风、洗手池、污物桶、消毒物品等。

（2）男婚检室：听诊器、血压计、体重计、视力表、色谱仪、叩诊槌（如设有综合检查室，以上设备应放置在综合检查室）、诊查床、器械桌、睾丸和阴茎测量用具、手套、化验用品、屏风、洗手池、污物桶、消毒物品等。

（3）宣教室：有关生殖健康知识的挂图、模型、放像设备等宣教设施。

（4）咨询室：有男女生殖器官模型、图片等辅助教具及常用避孕药具等。

（5）具有开展常规及特殊检查项目的实验室及其他辅助检查设备。从事外国人、港澳台居民和居住在国外的中国公民婚前保健服务的医疗、保健机构应具备检测艾滋病病毒（HIV）的设备及其他条件。

4. 环境要求

婚前保健服务环境应严肃、整洁、安静、温馨，布局合理，方便群众，有利于保护服务对象的隐私，防止交叉感染。在明显位置悬挂《母婴保健技术服务执业许可证》、检查项目和收费标准。

（三）婚前保健服务人员的配备

婚前保健服务机构应根据实际需要，配备数量适宜、符合要求的男、女婚检医师、主检医师和注册护士，合格的检验人员和经过培训的健康教育人员。从事外国人、港澳台居民和居住在国外的中国公民婚前保健服务人员，要具备一定的外语水平。（婚前保健医师职责、婚前保健主检医师职责见后附件）

三、婚前保健服务工作的管理

婚前保健工作实行逐级管理制度。

省级、地市级妇幼保健机构协助卫生行政部门管理辖区内婚前保健工作，承担卫生行政部门交办的培训、技术指导等日常工作及其他工作。

婚前保健机构的主管领导和主检医师，负责本机构婚前保健服务的技术管理工作。

（一）服务质量管理

建立健全各项制度，开展人员培训、业务学习、疑难病例讨论和资料统计分析等活动；加强质量控制，提高疾病诊断和医学指导意见的准确率，服务对象对服务的满意率等。

（二）实验室质量管理

婚前医学检查中的常规检验项目，应按检验科规范的检验方法及质量控制标准进行。检验人员应严守操作规程，出具规范的检验报告。

（三）信息资料管理

1. 婚前保健信息资料由专人负责管理，定期统计、汇总，按卫生部常规统计报表要求，按时逐级上报，并做好信息反馈。

2. 婚前保健机构应建立"婚前医学检查登记本"、"婚前医学检查疾病登记和咨询指导记录本"、"婚前保健业务学习、讨论记录本"等原始本册，并根据记录，及时总结经验，查找问题。

3. 婚前医学检查表应妥善保存，对个人隐私保密。

（四）《婚前医学检查表》和《婚前医学检查证明》的管理

1. 《婚前医学检查表》及《婚前医学检查证明》分"国内"和"外国人、港澳台居民和居住在国外的中国公民"两种。格式由卫生部统一规定，各省、自治区、直辖市卫生行政部门自行印制。

2. 《婚前医学检查表》是婚前医学检查的原始记录，是出具《婚前医学检查证明》的依据，应逐项完整、认真填写，并妥善管理。

《婚前医学检查证明》是法律规定的医学证明之一，其格式由卫生部统一规定，各省、自治区、直辖市卫生行政部门印制。由婚检医师填写，主检医师审核签名，婚检单位加盖婚前医学检查专用章。

《婚前医学检查证明》分两联，存根联由婚前保健服务机构存档保存，另一联交受检者。男女双方在结婚登记时，须将《婚前医学检查证明》或《医学鉴定证明》交婚姻登记部门。

3. 《婚前医学检查表》的保存同医疗机构住院病例，保存期一般不得少于 30 年。《婚前医学检查证明》的保存同医疗机构门诊病例，保存期一般不得少于 15 年。婚检机构应逐步以电子病例的方式保存《婚前医学检查表》和《婚前医学检查证明》。

民政部关于贯彻执行《婚姻登记条例》
若干问题的意见

民函〔2004〕76号

各省、自治区、直辖市民政厅（局），计划单列市民政局，新疆生产建设兵团民政局：

为切实保障《婚姻登记条例》的贯彻实施，规范婚姻登记工作，方便当事人办理婚姻登记，经商国务院法制办公室、外交部、公安部、解放军总政治部等相关部门，现就《婚姻登记条例》贯彻执行过程中的若干问题提出以下处理意见：

一、关于身份证问题

当事人无法提交居民身份证的，婚姻登记机关可根据当事人出具的有效临时身份证办理婚姻登记。

二、关于户口簿问题

当事人无法出具居民户口簿的，婚姻登记机关可凭公安部门或有关户籍管理机构出具的加盖印章的户籍证明办理婚姻登记；当事人属于集体户口的，婚姻登记机关可凭集体户口簿内本人的户口卡片或加盖单位印章的记载其户籍情况的户口簿复印件办理婚姻登记。

当事人未办理落户手续的，户口迁出地或另一方当事人户口所在地的婚姻登记机关可凭公安部门或有关户籍管理机构出具的证明材料办理婚姻登记。

三、关于身份证、户口簿查验问题

当事人所持户口簿与身份证上的"姓名"、"性别"、"出生日期"内容不一致的，婚姻登记机关应告知当事人先到户籍所在地的公安部门履行相关项目变更和必要的证簿换领手续后再办理婚姻登记。

当事人声明的婚姻状况与户口簿"婚姻状况"内容不一致的，婚姻登记机关对当事人婚姻状况的审查主要依据其本人书面声明。

四、关于少数民族当事人提供的照片问题

为尊重少数民族的风俗习惯，少数民族当事人办理婚姻登记时提供的照片是否免冠从习俗。

五、关于离婚登记中的结婚证问题

申请办理离婚登记的当事人有一本结婚证丢失的，婚姻登记机关可根据另一本结婚证办理离婚登记；当事人两本结婚证都丢失的，婚姻登记机关可根据结婚登记档案或当事人提供的结婚登记记录证明等证明材料办理离婚登记。当事人应对结婚证丢失情况作出书面说明，该说明由婚姻登记机关存档。

申请办理离婚登记的当事人提供的结婚证上的姓名、出生日期、身份证号与身份证、户口簿不一致的，当事人应书面说明不一致的原因。

六、关于补领结婚证、离婚证问题

申请补领结婚证、离婚证的当事人出具的身份证、户口簿上的姓名、年龄、身份证号与原婚姻登记档案记载不一致的，当事人应书面说明不一致的原因，婚姻登记机关可根据当事人出具的身份证件补发结婚证、离婚证。

当事人办理结婚登记时未达法定婚龄，申请补领时仍未达法定婚龄的，婚姻登记机关不得补发结婚证。当事人办理结婚登记时未达法定婚龄，申请补领时已达法定婚龄的，当事人应对结婚登记情况作出书面说明；婚姻登记机关补发的结婚证登记日期应为当事人达到法定婚龄之日。

七、关于出国人员、华侨及港澳台居民结婚提交材料的问题

出国人员办理结婚登记应根据其出具的证件分情况处理。当事人出具身份证、户口簿作为身份证件的，按内地居民婚姻登记规定

办理；当事人出具中国护照作为身份证件的，按华侨婚姻登记规定办理。

当事人以中国护照作为身份证件，在内地居住满一年、无法取得有关国家或我驻外使领馆出具的婚姻状况证明的，婚姻登记机关可根据当事人本人的相关情况声明及两个近亲属出具的有关当事人婚姻状况的证明办理结婚登记。

八、关于双方均非内地居民的结婚登记问题

双方均为外国人，要求在内地办理结婚登记的，如果当事人能够出具《婚姻登记条例》规定的相应证件和证明材料以及当事人本国承认其居民在国外办理结婚登记效力的证明，当事人工作或生活所在地具有办理涉外婚姻登记权限的登记机关应予受理。

一方为外国人、另一方为港澳台居民或华侨，或者双方均为港澳台居民或华侨，要求在内地办理结婚登记的，如果当事人能够出具《婚姻登记条例》规定的相应证件和证明材料，当事人工作或生活所在地具有相应办理婚姻登记权限的登记机关应予受理。

一方为出国人员、另一方为外国人或港澳台居民，或双方均为出国人员，要求在内地办理结婚登记的，如果当事人能够出具《婚姻登记条例》规定的相应证件和证明材料，出国人员出国前户口所在地具有相应办理婚姻登记权限的登记机关应予受理。

九、关于现役军人的婚姻登记问题

办理现役军人的婚姻登记仍按《民政部办公厅关于印发〈军队贯彻实施〈中华人民共和国婚姻法〉若干问题的规定〉有关内容的通知》（民办函〔2001〕226号）执行。

办理现役军人婚姻登记的机关可以是现役军人部队驻地所在地或户口注销前常住户口所在地的婚姻登记机关，也可以是非现役军人一方常住户口所在地的婚姻登记机关。

十、关于服刑人员的婚姻登记问题

服刑人员申请办理婚姻登记，应当亲自到婚姻登记机关提出申请并出具有效的身份证件；服刑人员无法出具身份证件的，可由监狱管理部门出具有关证明材料。

办理服刑人员婚姻登记的机关可以是一方当事人常住户口所在地或服刑监狱所在地的婚姻登记机关。

中华人民共和国民政部

2004 年 3 月 29 日

关于士官婚姻管理有关问题的通知

民发〔2011〕219 号

各省、自治区、直辖市民政厅（局），各计划单列市民政局，新疆生产建设兵团民政局；各军区、各军兵种、各总部、军事科学院、国防大学、国防科学技术大学、武警部队政治部：

为加强士官队伍建设，进一步做好新形势下士官婚姻管理工作，根据士官管理有关规定，现就有关事项通知如下：

一、士官符合下列条件之一的，经师（旅）级以上单位政治机关批准，可以在驻地或者部队内部找对象结婚：

（一）中级士官；

（二）年龄超过 28 周岁的男士官或者年龄超过 26 周岁的女士官；

（三）烈士子女、孤儿或者因战、因公、因病致残的士官。

二、军队政治机关负责对士官在部队驻地或者部队内部找对象结婚的条件进行审查，符合条件的按有关规定出具《军人婚姻登记证明》。婚姻登记机关依据军队政治机关出具的《军人婚姻登记证明》，为士官办理婚姻登记。

三、民政部、总政治部《关于军队人员婚姻管理有关问题的通知》（政组〔2010〕14 号）与本通知不一致的，以本《通知》为准。

中华人民共和国民政部
中国人民解放军总政治部
二〇一一年十二月二十八日

婚姻登记工作规范

民政部关于印发《婚姻登记工作规范》的通知

民发〔2015〕230 号

各省、自治区、直辖市民政厅（局），各计划单列市民政局，新疆生产建设兵团民政局：

为进一步规范婚姻登记工作，我部对《婚姻登记工作暂行规范》进行了修订，现予印发，请认真贯彻执行。

中华人民共和国民政部

2015 年 12 月 8 日

第一章　总　　则

第一条　为加强婚姻登记规范化管理，维护婚姻当事人的合法权益，根据《中华人民共和国婚姻法》和《婚姻登记条例》，制定本规范。

第二条　各级婚姻登记机关应当依照法律、法规及本规范，认真履行职责，做好婚姻登记工作。

第二章　婚姻登记机关

第三条　婚姻登记机关是依法履行婚姻登记行政职能的机关。

第四条　婚姻登记机关履行下列职责：

（一）办理婚姻登记；

（二）补发婚姻登记证；

（三）撤销受胁迫的婚姻；

（四）建立和管理婚姻登记档案；

（五）宣传婚姻法律法规，倡导文明婚俗。

第五条　婚姻登记管辖按照行政区域划分。

（一）县、不设区的市、市辖区人民政府民政部门办理双方或者一方常住户口在本行政区域内的内地居民之间的婚姻登记。

省级人民政府可以根据实际情况，规定乡（镇）人民政府办理双方或者一方常住户口在本乡（镇）的内地居民之间的婚姻登记。

（二）省级人民政府民政部门或者其确定的民政部门，办理一方常住户口在辖区内的涉外和涉香港、澳门、台湾居民以及华侨的婚姻登记。

办理经济技术开发区、高新技术开发区等特别区域内居民婚姻登记的机关由省级人民政府民政部门提出意见报同级人民政府确定。

（三）现役军人由部队驻地、入伍前常住户口所在地或另一方当事人常住户口所在地婚姻登记机关办理婚姻登记。

婚姻登记机关不得违反上述规定办理婚姻登记。

第六条　具有办理婚姻登记职能的县级以上人民政府民政部门和乡（镇）人民政府应当按照本规范要求设置婚姻登记处。

省级人民政府民政部门设置、变更或撤销婚姻登记处，应当形成文件并对外公布；市、县（市、区）人民政府民政部门、乡

（镇）人民政府设置、变更或撤销婚姻登记处，应当形成文件，对外公布并逐级上报省级人民政府民政部门。省级人民政府民政部门应当相应调整婚姻登记信息系统使用相关权限。

第七条 省、市、县（市、区）人民政府民政部门和乡镇人民政府设置的婚姻登记处分别称为：

××省（自治区、直辖市）民政厅（局）婚姻登记处，××市民政局婚姻登记处，××县（市）民政局婚姻登记处；

××市××区民政局婚姻登记处；

××县（市、区）××乡（镇）人民政府婚姻登记处。

县、不设区的市、市辖区人民政府民政部门设置多个婚姻登记处的，应当在婚姻登记处前冠其所在地的地名。

第八条 婚姻登记处应当在门外醒目处悬挂婚姻登记处标牌。标牌尺寸不得小于 1500mm×300mm 或 550mm×450mm。

第九条 婚姻登记处应当按照民政部要求，使用全国婚姻登记工作标识。

第十条 具有办理婚姻登记职能的县级以上人民政府民政部门和乡（镇）人民政府应当刻制婚姻登记工作业务专用印章和钢印。专用印章和钢印为圆形，直径 35mm。

婚姻登记工作业务专用印章和钢印，中央刊"★"，"★"外围刊婚姻登记处所属民政厅（局）或乡（镇）人民政府名称，如："××省民政厅"、"××市民政局"、"××市××区民政局"、"××县民政局"或者"××县××乡（镇）人民政府"。

"★"下方刊"婚姻登记专用章"。民政局设置多个婚姻登记处的，"婚姻登记专用章"下方刊婚姻登记处序号。

第十一条 婚姻登记处应当有独立的场所办理婚姻登记，并设有候登大厅、结婚登记区、离婚登记室和档案室。结婚登记区、离婚登记室可合并为相应数量的婚姻登记室。

婚姻登记场所应当宽敞、庄严、整洁，设有婚姻登记公告栏。

婚姻登记处不得设在婚纱摄影、婚庆服务、医疗等机构场所内，上述服务机构不得设置在婚姻登记场所内。

第十二条 婚姻登记处应当配备以下设备：

（一）复印机；

（二）传真机；

（三）扫描仪；

（四）证件及纸张打印机；

（五）计算机；

（六）身份证阅读器。

第十三条 婚姻登记处可以安装具有音频和视频功能的设备，并妥善保管音频和视频资料。

婚姻登记场所应当配备必要的公共服务设施，婚姻登记当事人应当按照要求合理使用。

第十四条 婚姻登记处实行政务公开，下列内容应当在婚姻登记处公开展示：

（一）本婚姻登记处的管辖权及依据；

（二）婚姻法的基本原则以及夫妻的权利、义务；

（三）结婚登记、离婚登记的条件与程序；

（四）补领婚姻登记证的条件与程序；

（五）无效婚姻及可撤销婚姻的规定；

（六）收费项目与收费标准；

（七）婚姻登记员职责及其照片、编号；

（八）婚姻登记处办公时间和服务电话，设置多个婚姻登记处的，应当同时公布，巡回登记的，应当公布巡回登记时间和地点；

（九）监督电话。

第十五条 婚姻登记处应当备有《中华人民共和国婚姻法》、《婚姻登记条例》及其他有关文件，供婚姻当事人免费查阅。

第十六条 婚姻登记处在工作日应当对外办公，办公时间在办公场所外公告。

第十七条 婚姻登记处应当通过省级婚姻登记信息系统开展实时联网登记，并将婚姻登记电子数据实时传送给民政部婚姻登记信息系统。

各级民政部门应当为本行政区域内婚姻登记管理信息化建设创造条件，并制定婚姻登记信息化管理制度。

婚姻登记处应当将保存的本辖区未录入信息系统的婚姻登记档案录入婚姻登记历史数据补录系统。

第十八条 婚姻登记处应当按照《婚姻登记档案管理办法》的规定管理婚姻登记档案。

第十九条 婚姻登记处应当制定婚姻登记印章、证书、纸制档案、电子档案等管理制度，完善业务学习、岗位责任、考评奖惩等制度。

第二十条 婚姻登记处应当开通婚姻登记网上预约功能和咨询电话，电话号码在当地114查询台登记。

具备条件的婚姻登记处应当开通互联网网页，互联网网页内容应当包括：办公时间、办公地点；管辖权限；申请结婚登记的条件、办理结婚登记的程序；申请离婚登记的条件、办理离婚登记的程序；申请补领婚姻登记证的程序和需要的证明材料、撤销婚姻的程序等内容。

第二十一条 婚姻登记处可以设立婚姻家庭辅导室，通过政府购买服务或公开招募志愿者等方式聘用婚姻家庭辅导员，并在坚持群众自愿的前提下，开展婚姻家庭辅导服务。婚姻家庭辅导员应当具备以下资格之一：

（一）社会工作师；

（二）心理咨询师；

（三）律师；

（四）其他相应专业资格。

第二十二条　婚姻登记处可以设立颁证厅，为有需要的当事人颁发结婚证。

第三章　婚姻登记员

第二十三条　婚姻登记机关应当配备专职婚姻登记员。婚姻登记员人数、编制可以参照《婚姻登记机关等级评定标准》确定。

第二十四条　婚姻登记员由本级民政部门考核、任命。

婚姻登记员应当由设区的市级以上人民政府民政部门进行业务培训，经考核合格，取得婚姻登记员培训考核合格证明，方可从事婚姻登记工作。其他人员不得从事本规范第二十五条规定的工作。

婚姻登记员培训考核合格证明由省级人民政府民政部门统一印制。

婚姻登记员应当至少每2年参加一次设区的市级以上人民政府民政部门举办的业务培训，取得业务培训考核合格证明。

婚姻登记处应当及时将婚姻登记员上岗或离岗信息逐级上报省级人民政府民政部门，省级人民政府民政部门应当根据上报的信息及时调整婚姻登记信息系统使用相关权限。

第二十五条　婚姻登记员的主要职责：

（一）负责对当事人有关婚姻状况声明的监督；

（二）审查当事人是否具备结婚、离婚、补发婚姻登记证、撤销受胁迫婚姻的条件；

（三）办理婚姻登记手续，签发婚姻登记证；

（四）建立婚姻登记档案。

第二十六条　婚姻登记员应当熟练掌握相关法律法规，熟练使用婚姻登记信息系统，文明执法，热情服务。婚姻登记员一般应具有大学专科以上学历。

婚姻登记员上岗应当佩带标识并统一着装。

第四章　结婚登记

第二十七条　结婚登记应当按照初审—受理—审查—登记（发证）的程序办理。

第二十八条　受理结婚登记申请的条件是：

（一）婚姻登记处具有管辖权；

（二）要求结婚的男女双方共同到婚姻登记处提出申请；

（三）当事人男年满22周岁，女年满20周岁；

（四）当事人双方均无配偶（未婚、离婚、丧偶）；

（五）当事人双方没有直系血亲和三代以内旁系血亲关系；

（六）双方自愿结婚；

（七）当事人提交3张2寸双方近期半身免冠合影照片；

（八）当事人持有本规范第二十九条至第三十五条规定的有效证件。

第二十九条　内地居民办理结婚登记应当提交本人有效的居民身份证和户口簿，因故不能提交身份证的可以出具有效的临时身份证。

居民身份证与户口簿上的姓名、性别、出生日期、公民身份号码应当一致；不一致的，当事人应当先到有关部门更正。

户口簿上的婚姻状况应当与当事人声明一致。不一致的，当事人应当向登记机关提供能够证明其声明真实性的法院生效司法文书、配偶居民死亡医学证明（推断）书等材料；不一致且无法提供相关材料的，当事人应当先到有关部门更正。

当事人声明的婚姻状况与婚姻登记档案记载不一致的，当事人应当向登记机关提供能够证明其声明真实性的法院生效司法文书、配偶居民死亡医学证明（推断）书等材料。

第三十条　现役军人办理结婚登记应当提交本人的居民身份

证、军人证件和部队出具的军人婚姻登记证明。

居民身份证、军人证件和军人婚姻登记证明上的姓名、性别、出生日期、公民身份号码应当一致；不一致的，当事人应当先到有关部门更正。

第三十一条 香港居民办理结婚登记应当提交：

（一）港澳居民来往内地通行证或者港澳同胞回乡证；

（二）香港居民身份证；

（三）经香港委托公证人公证的本人无配偶以及与对方当事人没有直系血亲和三代以内旁系血亲关系的声明。

第三十二条 澳门居民办理结婚登记应当提交：

（一）港澳居民来往内地通行证或者港澳同胞回乡证；

（二）澳门居民身份证；

（三）经澳门公证机构公证的本人无配偶以及与对方当事人没有直系血亲和三代以内旁系血亲关系的声明。

第三十三条 台湾居民办理结婚登记应当提交：

（一）台湾居民来往大陆通行证或者其他有效旅行证件；

（二）本人在台湾地区居住的有效身份证；

（三）经台湾公证机构公证的本人无配偶以及与对方当事人没有直系血亲和三代以内旁系血亲关系的声明。

第三十四条 华侨办理结婚登记应当提交：

（一）本人的有效护照；

（二）居住国公证机构或者有权机关出具的、经中华人民共和国驻该国使（领）馆认证的本人无配偶以及与对方当事人没有直系血亲和三代以内旁系血亲关系的证明，或者中华人民共和国驻该国使（领）馆出具的本人无配偶以及与对方当事人没有直系血亲和三代以内旁系血亲关系的证明。

与中国无外交关系的国家出具的有关证明，应当经与该国及中国均有外交关系的第三国驻该国使（领）馆和中国驻第三国使

（领）馆认证，或者经第三国驻华使（领）馆认证。

第三十五条 外国人办理结婚登记应当提交：

（一）本人的有效护照或者其他有效的国际旅行证件；

（二）所在国公证机构或者有权机关出具的、经中华人民共和国驻该国使（领）馆认证或者该国驻华使（领）馆认证的本人无配偶的证明，或者所在国驻华使（领）馆出具的本人无配偶证明。

与中国无外交关系的国家出具的有关证明，应当经与该国及中国均有外交关系的第三国驻该国使（领）馆和中国驻第三国使（领）馆认证，或者经第三国驻华使（领）馆认证。

第三十六条 婚姻登记员受理结婚登记申请，应当按照下列程序进行：

（一）询问当事人的结婚意愿；

（二）查验本规范第二十九条至第三十五条规定的相应证件和材料；

（三）自愿结婚的双方各填写一份《申请结婚登记声明书》；《申请结婚登记声明书》中"声明人"一栏的签名必须由声明人在监誓人面前完成并按指纹；

（四）当事人现场复述声明书内容，婚姻登记员作监誓人并在监誓人一栏签名。

第三十七条 婚姻登记员对当事人提交的证件、证明、声明进行审查，符合结婚条件的，填写《结婚登记审查处理表》和结婚证。

第三十八条 《结婚登记审查处理表》的填写：

（一）《结婚登记审查处理表》项目的填写，按照下列规定通过计算机完成：

1. "申请人姓名"：当事人是中国公民的，使用中文填写；当事人是外国人的，按照当事人护照上的姓名填写。

2. "出生日期"：使用阿拉伯数字，按照身份证件上的出生日期填写为"××××年××月××日"。

3."身份证件号":当事人是内地居民的,填写居民身份证号;当事人是香港、澳门、台湾居民的,填写香港、澳门、台湾居民身份证号,并在号码后加注"(香港)"、"(澳门)"或者"(台湾)";当事人是华侨的,填写护照或旅行证件号;当事人是外国人的,填写当事人的护照或旅行证件号。

证件号码前面有字符的,应当一并填写。

4."国籍":当事人是内地居民、香港居民、澳门居民、台湾居民、华侨的,填写"中国";当事人是外国人的,按照护照上的国籍填写;无国籍人,填写"无国籍"。

5."提供证件情况":应当将当事人提供的证件、证明逐一填写,不得省略。

6."审查意见":填写"符合结婚条件,准予登记"。

7."结婚登记日期":使用阿拉伯数字,填写为:"××××年××月××日"。填写的日期应当与结婚证上的登记日期一致。

8."结婚证字号"填写式样按照民政部相关规定执行,填写规则见附则。

9."结婚证印制号"填写颁发给当事人的结婚证上印制的号码。

10."承办机关名称":填写承办该结婚登记的婚姻登记处的名称。

(二)"登记员签名":由批准该结婚登记的婚姻登记员亲笔签名,不得使用个人印章或者计算机打印。

(三)在"照片"处粘贴当事人提交的照片,并在骑缝处加盖钢印。

第三十九条 结婚证的填写:

(一)结婚证上"结婚证字号""姓名""性别""出生日期""身份证件号""国籍""登记日期"应当与《结婚登记审查处理

表》中相应项目完全一致。

（二）"婚姻登记员"：由批准该结婚登记的婚姻登记员使用黑色墨水钢笔或签字笔亲笔签名，签名应清晰可辨，不得使用个人印章或者计算机打印。

（三）在"照片"栏粘贴当事人双方合影照片。

（四）在照片与结婚证骑缝处加盖婚姻登记工作业务专用钢印。

（五）"登记机关"：盖婚姻登记工作业务专用印章（红印）。

第四十条　婚姻登记员在完成结婚证填写后，应当进行认真核对、检查。对填写错误、证件被污染或者损坏的，应当将证件报废处理，重新填写。

第四十一条　颁发结婚证，应当在当事人双方均在场时按照下列步骤进行：

（一）向当事人双方询问核对姓名、结婚意愿；

（二）告知当事人双方领取结婚证后的法律关系以及夫妻权利、义务；

（三）见证当事人本人亲自在《结婚登记审查处理表》上的"当事人领证签名并按指纹"一栏中签名并按指纹；

"当事人领证签名并按指纹"一栏不得空白，不得由他人代为填写、代按指纹。

（四）将结婚证分别颁发给结婚登记当事人双方，向双方当事人宣布：取得结婚证，确立夫妻关系；

（五）祝贺新人。

第四十二条　申请补办结婚登记的，当事人填写《申请补办结婚登记声明书》，婚姻登记机关按照结婚登记程序办理。

第四十三条　申请复婚登记的，当事人填写《申请结婚登记声明书》，婚姻登记机关按照结婚登记程序办理。

第四十四条　婚姻登记员每办完一对结婚登记，应当依照《婚姻登记档案管理办法》，对应当存档的材料进行整理、保存，不得出现原始材料丢失、损毁情况。

第四十五条 婚姻登记机关对不符合结婚登记条件的，不予受理。当事人要求出具《不予办理结婚登记告知书》的，应当出具。

第五章 撤销婚姻

第四十六条 受胁迫结婚的婚姻当事人，可以向原办理该结婚登记的机关请求撤销婚姻。

第四十七条 撤销婚姻应当按照初审—受理—审查—报批—公告的程序办理。

第四十八条 受理撤销婚姻申请的条件：

（一）婚姻登记处具有管辖权；

（二）受胁迫的一方和对方共同到婚姻登记机关签署双方无子女抚养、财产及债务问题的声明书；

（三）申请时距结婚登记之日或受胁迫的一方恢复人身自由之日不超过1年；

（四）当事人持有：

1. 本人的身份证、结婚证；

2. 要求撤销婚姻的书面申请；

3. 公安机关出具的当事人被拐卖、解救的相关材料，或者人民法院作出的能够证明当事人被胁迫结婚的判决书。

第四十九条 符合撤销婚姻的，婚姻登记处按以下程序进行：

（一）查验本规范第四十八条规定的证件和证明材料。

（二）当事人在婚姻登记员面前亲自填写《撤销婚姻申请书》，双方当事人在"声明人"一栏签名并按指纹。

（三）当事人宣读本人的申请书，婚姻登记员作监誓人并在监誓人一栏签名。

第五十条 婚姻登记处拟写"关于撤销×××与×××婚姻的决

定"报所属民政部门或者乡（镇）人民政府；符合撤销条件的，婚姻登记机关应当批准，并印发撤销决定。

第五十一条 婚姻登记处应当将《关于撤销×××与×××婚姻的决定》送达当事人双方，并在婚姻登记公告栏公告 30 日。

第五十二条 婚姻登记处对不符合撤销婚姻条件的，应当告知当事人不予撤销原因，并告知当事人可以向人民法院请求撤销婚姻。

第五十三条 除受胁迫结婚之外，以任何理由请求宣告婚姻无效或者撤销婚姻的，婚姻登记机关不予受理。

第六章　离婚登记

第五十四条 离婚登记按照初审—受理—审查—登记（发证）的程序办理。

第五十五条 受理离婚登记申请的条件是：

（一）婚姻登记处具有管辖权；

（二）要求离婚的夫妻双方共同到婚姻登记处提出申请；

（三）双方均具有完全民事行为能力；

（四）当事人持有离婚协议书，协议书中载明双方自愿离婚的意思表示以及对子女抚养、财产及债务处理等事项协商一致的意见；

（五）当事人持有内地婚姻登记机关或者中国驻外使（领）馆颁发的结婚证；

（六）当事人各提交 2 张 2 寸单人近期半身免冠照片；

（七）当事人持有本规范第二十九条至第三十五条规定的有效身份证件。

第五十六条 婚姻登记员受理离婚登记申请，应当按照下列程序进行：

（一）分开询问当事人的离婚意愿，以及对离婚协议内容的意愿，并进行笔录，笔录当事人阅后签名。

（二）查验本规范第五十五条规定的证件和材料。申请办理离婚登记的当事人有一本结婚证丢失的，当事人应当书面声明遗失，婚姻登记机关可以根据另一本结婚证办理离婚登记；申请办理离婚登记的当事人两本结婚证都丢失的，当事人应当书面声明结婚证遗失并提供加盖查档专用章的结婚登记档案复印件，婚姻登记机关可根据当事人提供的上述材料办理离婚登记。

（三）双方自愿离婚且对子女抚养、财产及债务处理等事项协商一致的，双方填写《申请离婚登记声明书》；

《申请离婚登记声明书》中"声明人"一栏的签名必须由声明人在监誓人面前完成并按指纹；

婚姻登记员作监誓人并在监誓人一栏签名。

（四）夫妻双方应当在离婚协议上现场签名；婚姻登记员可以在离婚协议书上加盖"此件与存档件一致，涂改无效。XXXX 婚姻登记处 XX 年 XX 月 XX 日"的长方形印章。协议书夫妻双方各一份，婚姻登记处存档一份。当事人因离婚协议书遗失等原因，要求婚姻登记机关复印其离婚协议书的，按照《婚姻登记档案管理办法》的规定查阅婚姻登记档案。

离婚登记完成后，当事人要求更换离婚协议书或变更离婚协议内容的，婚姻登记机关不予受理。

第五十七条 婚姻登记员对当事人提交的证件、《申请离婚登记声明书》、离婚协议书进行审查，符合离婚条件的，填写《离婚登记审查处理表》和离婚证。

《离婚登记审查处理表》和离婚证分别参照本规范第三十八条、第三十九条规定填写。

第五十八条 婚姻登记员在完成离婚证填写后，应当进行认真核对、检查。对打印或者书写错误、证件被污染或者损坏的，应当将证件报废处理，重新填写。

第五十九条 颁发离婚证，应当在当事人双方均在场时按照下列步骤进行：

（一）向当事人双方询问核对姓名、出生日期、离婚意愿；

（二）见证当事人本人亲自在《离婚登记审查处理表》"当事人领证签名并按指纹"一栏中签名并按指纹；

"当事人领证签名并按指纹"一栏不得空白，不得由他人代为填写、代按指纹；

（三）在当事人的结婚证上加盖条型印章，其中注明"双方离婚，证件失效。××婚姻登记处"。注销后的结婚证复印存档，原件退还当事人。

（四）将离婚证颁发给离婚当事人。

第六十条 婚姻登记员每办完一对离婚登记，应当依照《婚姻登记档案管理办法》，对应当存档的材料进行整理、保存，不得出现原始材料丢失、损毁情况。

第六十一条 婚姻登记机关对不符合离婚登记条件的，不予受理。当事人要求出具《不予办理离婚登记告知书》的，应当出具。

第七章　补领婚姻登记证

第六十二条 当事人遗失、损毁婚姻登记证，可以向原办理该婚姻登记的机关或者一方常住户口所在地的婚姻登记机关申请补领。有条件的省份，可以允许本省居民向本辖区内负责内地居民婚姻登记的机关申请补领婚姻登记证。

第六十三条 婚姻登记机关为当事人补发结婚证、离婚证，应当按照初审—受理—审查—发证程序进行。

第六十四条 受理补领结婚证、离婚证申请的条件是：

（一）婚姻登记处具有管辖权；

（二）当事人依法登记结婚或者离婚，现今仍然维持该状况；

（三）当事人持有本规范第二十九条至第三十五条规定的身份证件；

（四）当事人亲自到婚姻登记处提出申请，填写《申请补领婚姻登记证声明书》。

当事人因故不能到婚姻登记处申请补领婚姻登记证的，有档案可查且档案信息与身份信息一致的，可以委托他人办理。委托办理应当提交当事人的户口簿、身份证和经公证机关公证的授权委托书。委托书应当写明当事人姓名、身份证件号码、办理婚姻登记的时间及承办机关、目前的婚姻状况、委托事由、受委托人的姓名和身份证件号码。受委托人应当同时提交本人的身份证件。

当事人结婚登记档案查找不到的，当事人应当提供充分证据证明婚姻关系，婚姻登记机关经过严格审查，确认当事人存在婚姻关系的，可以为其补领结婚证。

第六十五条 婚姻登记员受理补领婚姻登记证申请，应当按照下列程序进行：

（一）查验本规范第六十四条规定的相应证件和证明材料；

（二）当事人填写《申请补领婚姻登记证声明书》，《申请补领婚姻登记证声明书》中"声明人"一栏的签名必须由声明人在监誓人面前完成并按指纹；

（三）婚姻登记员作监誓人并在监誓人一栏签名；

（四）申请补领结婚证的，双方当事人提交3张2寸双方近期半身免冠合影照片；申请补领离婚证的当事人提交2张2寸单人近期半身免冠照片。

第六十六条 婚姻登记员对当事人提交的证件、证明进行审查，符合补发条件的，填写《补发婚姻登记证审查处理表》和婚姻登记证。《补发婚姻登记证审查处理表》参照本规范第三十八条规定填写。

第六十七条 补发婚姻登记证时，应当向当事人询问核对姓名、出生日期，见证当事人本人亲自在《补发婚姻登记证审查处理表》"当事人领证签名并按指纹"一栏中签名并按指纹，将婚姻登记证发给当事人。

第六十八条 当事人的户口簿上以曾用名的方式反映姓名变更的，婚姻登记机关可以采信。

当事人办理结婚登记时未达到法定婚龄，通过非法手段骗取婚姻登记，其在申请补领时仍未达法定婚龄的，婚姻登记机关不得补发结婚证；其在申请补领时已达法定婚龄的，当事人应对结婚登记情况作出书面说明，婚姻登记机关补发的结婚证登记日期为当事人达到法定婚龄之日。

第六十九条 当事人办理过结婚登记，申请补领时的婚姻状况因离婚或丧偶发生改变的，不予补发结婚证；当事人办理过离婚登记的，申请补领时的婚姻状况因复婚发生改变的，不予补发离婚证。

第七十条 婚姻登记机关对不具备补发结婚证、离婚证受理条件的，不予受理。

第八章　监督与管理

第七十一条 各级民政部门应当建立监督检查制度，定期对本级民政部门设立的婚姻登记处和下级婚姻登记机关进行监督检查。

第七十二条 婚姻登记机关及其婚姻登记员有下列行为之一的，对直接负责的主管人员和其他直接责任人员依法给予行政处分：

（一）为不符合婚姻登记条件的当事人办理婚姻登记的；

（二）违反程序规定办理婚姻登记、发放婚姻登记证、撤销婚姻的；

（三）要求当事人提交《婚姻登记条例》和本规范规定以外的证件材料的；

（四）擅自提高收费标准或者增加收费项目的；

（五）玩忽职守造成婚姻登记档案损毁的；

（六）购买使用伪造婚姻证书的；

（七）违反规定应用婚姻登记信息系统的。

第七十三条 婚姻登记员违反规定办理婚姻登记，给当事人造成严重后果的，应当由婚姻登记机关承担对当事人的赔偿责任，并对承办人员进行追偿。

第七十四条 婚姻登记证使用单位不得使用非上级民政部门提供的婚姻登记证。各级民政部门发现本行政区域内有使用非上级民政部门提供的婚姻登记证的，应当予以没收，并追究相关责任人的法律责任和行政责任。

第七十五条 婚姻登记机关发现婚姻登记证有质量问题时，应当及时书面报告省级人民政府民政部门或者国务院民政部门。

第七十六条 人民法院作出与婚姻相关的判决、裁定和调解后，当事人将生效司法文书送婚姻登记机关的，婚姻登记机关应当将司法文书复印件存档并将相关信息录入婚姻登记信息系统。

婚姻登记机关应当加强与本地区人民法院的婚姻信息共享工作，完善婚姻信息数据库。

第九章 附 则

第七十七条 本规范规定的当事人无配偶声明或者证明，自出具之日起 6 个月内有效。

第七十八条 县级或县级以上人民政府民政部门办理婚姻登记的，"结婚证字号"填写式样为"Jaaaaaa-bbbb-cccccc"（其中"aaaaaa"为 6 位行政区划代码，"bbbb"为当年年号，"cccccc"为当年办理婚姻登记的序号）。"离婚证字号"开头字符为"L"。"补发结婚证字号"开头字符为"BJ"。"补发离婚证字号"开头字符为"BL"。

县级人民政府民政部门设立多个婚姻登记巡回点的，由县级人民政府民政部门明确字号使用规则，规定各登记点使用号段。

乡（镇）人民政府办理婚姻登记的，行政区划代码由6位改为9位（在县级区划代码后增加三位乡镇代码），其他填写方法与上述规定一致。

对为方便人民群众办理婚姻登记、在行政区划单位之外设立的婚姻登记机关，其行政区划代码由省级人民政府民政部门按照前四位取所属地级市行政区划代码前四位，五六位为序号（从61开始，依次为62.63.……、99）的方式统一编码。

第七十九条　当事人向婚姻登记机关提交的"本人无配偶证明"等材料是外国语言文字的，应当翻译成中文。当事人未提交中文译文的，视为未提交该文件。婚姻登记机关可以接受中国驻外国使领馆或有资格的翻译机构出具的翻译文本。

第八十条　本规范自2016年2月1日起实施。

附　录

婚姻登记档案管理办法

中华人民共和国民政部
国家档案局令
第 32 号

　　现发布《婚姻登记档案管理办法》，自公布之日起施行。

中华人民共和国民政部
国家档案局
二〇〇六年一月二十三日

　　第一条　为规范婚姻登记档案管理，维护婚姻当事人的合法权益，根据《中华人民共和国档案法》和《婚姻登记条例》，制定本办法。

　　第二条　婚姻登记档案是婚姻登记机关在办理结婚登记、撤销婚姻、离婚登记、补发婚姻登记证的过程中形成的具有凭证作用的各种记录。

　　第三条　婚姻登记主管部门对婚姻登记档案工作实行统一领导，分级管理，并接受同级地方档案行政管理部门的监督和指导。

　　第四条　婚姻登记机关应当履行下列档案工作职责：

（一）及时将办理完毕的婚姻登记材料收集、整理、归档；

（二）建立健全各项规章制度，确保婚姻登记档案的齐全完整；

（三）采用科学的管理方法，提高婚姻登记档案的保管水平；

（四）办理查档服务，出具婚姻登记记录证明，告知婚姻登记档案的存放地；

（五）办理婚姻登记档案的移交工作。

第五条 办理结婚登记（含复婚、补办结婚登记，下同）形成的下列材料应当归档：

（一）《结婚登记审查处理表》；

（二）《申请结婚登记声明书》或者《申请补办结婚登记声明书》；

（三）香港特别行政区居民、澳门特别行政区居民、台湾地区居民、出国人员、华侨以及外国人提交的《婚姻登记条例》第五条规定的各种证明材料（含翻译材料）；

（四）当事人身份证件（从《婚姻登记条例》第五条规定，下同）复印件；

（五）其他有关材料。

第六条 办理撤销婚姻形成的下列材料应当归档：

（一）婚姻登记机关关于撤销婚姻的决定；

（二）《撤销婚姻申请书》；

（三）当事人的结婚证原件；

（四）公安机关出具的当事人被拐卖、解救证明，或人民法院作出的能够证明当事人被胁迫结婚的判决书；

（五）当事人身份证件复印件；

（六）其他有关材料。

第七条 办理离婚登记形成的下列材料应当归档：

（一）《离婚登记审查处理表》；

（二）《申请离婚登记声明书》；

（三）当事人结婚证复印件；

（四）当事人离婚协议书；

（五）当事人身份证件复印件；

（六）其他有关材料。

第八条 办理补发婚姻登记证形成的下列材料应当归档：

（一）《补发婚姻登记证审查处理表》；

（二）《申请补领婚姻登记证声明书》；

（三）婚姻登记档案保管部门出具的婚姻登记档案记录证明或其他有关婚姻状况的证明；

（四）当事人身份证件复印件；

（五）当事人委托办理时提交的经公证机关公证的当事人身份证件复印件和委托书，受委托人本人的身份证件复印件；

（六）其他有关材料。

第九条 婚姻登记档案按照年度—婚姻登记性质分类。婚姻登记性质分为结婚登记类、撤销婚姻类、离婚登记类和补发婚姻登记证类四类。

人民法院宣告婚姻无效或者撤销婚姻的判决书副本归入撤销婚姻类档案。

婚姻无效或者撤销婚姻的，应当在当事人原婚姻登记档案的《结婚登记审查处理表》的"备注"栏中注明有关情况及相应的撤销婚姻类档案的档号。

第十条 婚姻登记材料的立卷归档应当遵循下列原则与方法：

（一）婚姻登记材料按照年度归档。

（二）一对当事人婚姻登记材料组成一卷。

（三）卷内材料分别按照本办法第五、六、七、八条规定的顺序排列。

（四）以有利于档案保管和利用的方法固定案卷。

（五）按本办法第九条的规定对案卷进行分类，并按照办理婚姻登记的时间顺序排列。

（六）在卷内文件首页上端的空白处加盖归档章，并填写有关内容。归档章设置全宗号、年度、室编卷号、馆编卷号和页数等项目。

全宗号：档案馆给立档单位编制的代号。

年度：案卷的所属年度。

室编卷号：案卷排列的顺序号，每年每个类别分别从"1"开始标注。

馆编卷号：档案移交时按进馆要求编制。

页数：卷内材料有文字的页面数。

（七）按室编卷号的顺序将婚姻登记档案装入档案盒，并填写档案盒封面、盒脊和备考表的项目。

档案盒封面应标明全宗名称和婚姻登记处名称。

档案盒盒脊设置全宗号、年度、婚姻登记性质、起止卷号和盒号等项目。其中，起止卷号填写盒内第一份案卷和最后一份案卷的卷号，中间用"—"号连接；盒号即档案盒的排列顺序号，在档案移交时按进馆要求编制。

备考表置于盒内，说明本盒档案的情况，并填写整理人、检查人和日期。

（八）按类别分别编制婚姻登记档案目录。

（九）每年的婚姻登记档案目录加封面后装订成册，一式三份，并编制目录号。

第十一条　婚姻登记材料的归档要求：

（一）当年的婚姻登记材料应当在次年的3月31日前完成立卷归档；

（二）归档的婚姻登记材料必须齐全完整，案卷规范、整齐，复印件一律使用A4规格的复印纸，复印件和照片应当图像清晰；

（三）归档章、档案盒封面、盒脊、备考表等项目，使用蓝黑墨水或碳素墨水钢笔填写；婚姻登记档案目录应当打印；备考表和档案目录一律使用 A4 规格纸张。

第十二条 使用计算机办理婚姻登记所形成的电子文件，应当与纸质文件一并归档，归档要求参照《电子文件归档与管理规范》（GB/T18894-2002）。

第十三条 婚姻登记档案的保管期限为 100 年。对有继续保存价值的可以延长保管期限直至永久。

第十四条 婚姻登记档案应当按照下列规定进行移交：

（一）县级（含）以上地方人民政府民政部门形成的婚姻登记档案，应当在本单位档案部门保管一定时期后向同级国家档案馆移交，具体移交时间由双方商定。

（二）具有办理婚姻登记职能的乡（镇）人民政府形成的婚姻登记档案应当向乡（镇）档案部门移交，具体移交时间从乡（镇）的规定。

乡（镇）人民政府应当将每年的婚姻登记档案目录副本向上一级人民政府民政部门报送。

（三）被撤销或者合并的婚姻登记机关的婚姻登记档案应当按照前两款的规定及时移交。

第十五条 婚姻登记档案的利用应当遵守下列规定：

（一）婚姻登记档案保管部门应当建立档案利用制度，明确办理程序，维护当事人的合法权益；

（二）婚姻登记机关可以利用本机关移交的婚姻登记档案；

（三）婚姻当事人持有合法身份证件，可以查阅本人的婚姻登记档案；婚姻当事人因故不能亲自前往查阅的，可以办理授权委托书，委托他人代为办理，委托书应当经公证机关公证；

（四）人民法院、人民检察院、公安和安全部门为确认当事人的婚姻关系，持单位介绍信可以查阅婚姻登记档案；律师及其他诉讼代理人在诉讼过程中，持受理案件的法院出具的证明材料及本人有效证件可以查阅与诉讼有关的婚姻登记档案；

（五）其他单位、组织和个人要求查阅婚姻登记档案的，婚姻登记档案保管部门在确认其利用目的合理的情况下，经主管领导审核，可以利用；

（六）利用婚姻登记档案的单位、组织和个人，不得公开婚姻登记档案的内容，不得损害婚姻登记当事人的合法权益；

（七）婚姻登记档案不得外借，仅限于当场查阅；复印的婚姻登记档案需加盖婚姻登记档案保管部门的印章方为有效。

第十六条 婚姻登记档案的鉴定销毁应当符合下列要求：

（一）婚姻登记档案保管部门对保管期限到期的档案要进行价值鉴定，对无保存价值的予以销毁，但婚姻登记档案目录应当永久保存。

（二）对销毁的婚姻登记档案应当建立销毁清册，载明销毁档案的时间、种类和数量，并永久保存。

（三）婚姻登记档案保管部门应当派人监督婚姻登记档案的销毁过程，确保销毁档案没有漏销或者流失，并在销毁清册上签字。

第十七条 本办法由民政部负责解释。

第十八条 本办法自公布之日起施行。

民政部关于严格制止借婚姻登记乱收费的通知

民函〔2004〕83号

各省、自治区、直辖市民政厅（局），计划单列市民政局，新疆生产建设兵团民政局：

国务院价格管理部门对部分省婚姻登记收费情况进行了调查，发现有的婚姻登记机关在办理婚姻登记中乱收费现象比较严重，主要表现为：第一，取消项目继续收费。如向农民收《婚育学校结业证》费、《离婚调解书》费。第二，强制服务收费。如在给农民办理结婚登记时强制销售存放结婚证的烫金盒。第三，巧立名目搭车收费。如在办理婚姻登记时搭售福利彩票或搭车收取婚前教育书籍、光盘、胸花和彩条等费用。第四，使用票据不规范。有的婚姻登记机关在办理结婚登记收费时，没有按照财务规定使用规范票据，而使用一般收款收据。

《婚姻登记条例》实施后，民政部门特别是婚姻登记机关乱收费的现象已成为群众投诉的热点和媒体关注的焦点。据了解，调查中发现的上述问题并不是个别现象，而且个别地方还相当严重。婚姻登记中的乱收费问题应当引起各级民政部门的高度重视。为切实保障《婚姻登记条例》的贯彻实施，根据民政部2004年党风廉政建设工作要点中关于"坚决取消任何非自愿收费服务项目和各种搭车收费"的要求，杜绝婚姻登记工作中乱收费的现象，现就治理整顿工作提出如下要求：

一、各级民政部门必须从贯彻"三个代表"重要思想的高度，充分认识治理婚姻登记乱收费的必要性和紧迫性。要端正思想，坚决贯彻落实党中央、国务院关于减轻农民负担的工作要求，切实维护婚姻当事人的合法权益，体现民政工作以民为本的宗旨。

二、采取必要措施，积极解决婚姻登记工作的编制和经费问题。婚姻登记是政府的日常事务性工作，任务重，责任大，各级民政部门要积极争取同级编制部门和财政部门，解决登记机关的编制和经费问题。凡尚未解决编制和经费的可暂缓集中登记。地处偏远山区，人稀地广、交通不便的，不必强行集中登记。

三、要严格区分婚姻登记与婚姻服务的界限，做到婚姻登记与婚姻服务的人员、场地及收费三分开，禁止人员混用、场地交叉、收费混合的现象发生。婚姻登记机关不允许开展任何收费服务业务，收取婚姻证书的工本费必须实行价格公示制度。要在办理登记处的明显位置明确公示证书工本费的收费标准，严格按照国家统一收费标准收费。收取工本费应开具正式行政事业票据，不得擅自提高收费标准或增加收费项目。

四、各级民政部门的婚姻服务机构在开展婚姻服务工作中，必须坚持当事人自愿的原则。所有收费服务项目和收费标准必须经当地物价部门核定。婚姻服务机构必须在明显处公示收费项目、收费标准及价格管理部门批准收费的文号，明示所有收费服务均为当事人自愿，同时须公布价格管理部门的监督电话及婚姻服务机构的上级投诉电话。收费服务必须使用正式发票，严禁搞强制性服务和任何形式的搭车收费。各级民政部门要正确引导婚姻服务，不得给登记机关下达婚姻服务创收任务。

五、要将治理婚姻登记搭车收费和乱收费问题作为今年开展执法检查的工作重点。根据民政部《关于印发〈民政部 2004 年党风廉政建设工作要点〉的通知》（民发〔2004〕17 号）的要求，要通过开展执法检查进一步加强婚姻登记机关的行风建设，树立良好的形象。各级婚姻业务主管部门要会同纪检监察部门，按本通知要求共同对本辖区内的所有婚姻登记机关的登记收费及所有民政部门管理的婚姻服务机构的服务收费情况进行检查，发现不规范的问题及时予以纠正，彻底清理整顿婚姻登记中的乱收费问题。民政部将于下半年组织若干个检查组，重点检查婚姻登记机关的行风建设情况，特别是婚姻登记中有无乱收费问题。

各级民政部门要按照"谁主管、谁负责"的原则，加强领导，强化监督，抓好检查落实。各省、自治区、直辖市民政厅（局）在2004年7月底以前，要将执法检查和清理整顿情况书面分别报部基层政权和社区建设司、监察局。

中华人民共和国民政部

2004 年 4 月 15 日

大陆居民与台湾居民婚姻登记管理暂行办法

中华人民共和国民政部令
第 1 号

1998 年 12 月 10 日

第一条 为加强大陆居民与台湾居民的婚姻登记管理，保障婚姻当事人的合法权益，依据《中华人民共和国婚姻法》，制定本办法。

第二条 大陆居民与台湾居民在大陆办理婚姻登记适用本办法。

本办法所称大陆居民系指居住在中国大陆的中国公民；所称台湾居民系指居住在中国台湾地区的中国公民。

第三条 大陆居民与台湾居民在大陆结婚登记、离婚登记、复婚登记，应当双方共同到大陆一方户籍所在地的省（自治区、直辖市）民政厅（局）指定的地级以上地方人民政府民政部门的婚姻登记管理机关申请。

第四条 申请结婚登记的大陆居民应当提交下列证件和证明：

（一）居民身份证；

（二）居民户口簿；

（三）所在单位或街道办事处、乡（镇）人民政府出具的婚姻状况证明；

（四）婚前医学检查证明。

申请结婚登记的台湾居民应当提交下列证件和证明：

（一）《台湾居民来往大陆通行证》或其他有效旅行证件；

（二）在台湾地区居住的有效身份证明和出境入境证件；

（三）台湾公证机关出具的无配偶声明和经证明无误的户籍誊本，有效期三个月；

（四）婚前医学检查证明。

第五条　台湾居民在大陆连续停留 6 个月以上的，除提交本办法第四条第二款规定的证件、证明外，还应当提交大陆公证机关公证的无配偶声明。

台湾居民在香港、澳门地区连续停留 6 个月以上来大陆的，除提交本办法第四条第二款规定的证件、证明外，还应当提交香港婚姻注册处或澳门婚姻及死亡登记局出具的婚姻状况证明。

台湾居民在外国连续停留 6 个月以上来大陆的，除提交本办法第四条第二款规定的证件、证明外，还应当提交居住国出具并经公证机关公证和中华人民共和国驻该国使、领馆认证的婚姻状况证明。

大陆居民赴台湾地区定居时已达到法定婚龄的，应当提交经大陆原居住地公证机关公证的赴台湾前的婚姻状况证明。

第六条　申请结婚登记的当事人离过婚的，应当提交离婚证件。

离婚证件系台湾离婚协议书的，应当经台湾公证机关公证；无法提交离婚协议书的，应当提交经公证的台湾地区报纸刊登的当事人离婚的声明书或公告，未经公证的影印件不具有法律效力。

离婚证件系台湾地区有关法院的离婚判决书或离婚调解书的，如果离婚的一方系大陆居民，该离婚判决书或调解书应当经人民法院裁定认可。

离婚证件系外国登记离婚证书的，应当经驻在国公证机关公证、驻在国外交部或外交部授权的机关认证，并经中华人民共和国驻外使、领馆认证。

离婚证件系外国法院的离婚调解书或离婚判决书的，应当经中华人民共和国人民法院裁定承认。

丧偶的，应当提交配偶死亡证明。

死亡证明系台湾地区有关部门出具的，应当经台湾公证机关公证。

死亡证明系外国有关部门出具的，应当经驻在国公证机关公证、驻在国外交部或外交部授权的机关认证，并经中华人民共和国驻外使、领馆认证。

第七条 申请结婚登记的当事人有下列情形之一的，婚姻登记管理机关不予登记：

（一）非双方自愿的；

（二）未达到法定结婚年龄的；

（三）已有配偶的；

（四）有法律禁止结婚的亲属关系的；

（五）患有法律规定禁止结婚疾病的。

第八条 申请离婚登记的大陆居民应当提交下列证件和证明：

（一）居民身份证；

（二）居民户口簿；

（三）所在单位或街道办事处、乡（镇）人民政府出具的介绍信；

（四）离婚协议书；

（五）结婚证。

申请离婚登记的台湾居民应当提交下列证件和证明：

（一）《台湾居民来往大陆通行证》或其他有效旅行证件；

（二）在台湾地区居住的有效身份证明和出境入境证件；

（三）离婚协议书；

（四）结婚证。

第九条 离婚协议书应当写明双方当事人的离婚意思表示、子女抚养、夫妻一方生活困难的经济帮助、财产及债务处理等协议事项。

第十条　申请离婚登记的当事人有下列情形之一的，婚姻登记管理机关不予登记：

（一）婚姻关系不是在大陆依法缔结的；

（二）一方要求离婚的；

（三）双方要求离婚但对子女抚养、夫妻一方生活困难的经济帮助、财产及债务处理等事项未达成协议的；

（四）一方或双方为无民事行为能力或限制民事行为能力的。

第十一条　婚姻登记管理机关受理当事人的婚姻登记申请后，应当依法进行审查，符合条件的，自受理申请之日起 30 日内办理登记。

第十二条　申请复婚的按结婚登记程序办理。

第十三条　申请婚姻登记的当事人不符合《中华人民共和国婚姻法》规定的婚姻登记条件，弄虚作假、骗取婚姻登记的，婚姻登记管理机关应当撤销婚姻登记。

第十四条　当事人认为婚姻登记管理机关办理或者撤销婚姻登记的行为侵犯其合法权益的；认为申请办理或者申请撤销婚姻登记符合法定条件而婚姻登记管理机关拒绝办理或者不予答复的，当事人可依法申请行政复议，也可向人民法院提起行政诉讼。

第十五条　台湾居民在香港、澳门地区定居后在大陆申请婚姻登记，适用香港、澳门同胞办理婚姻登记的规定。

侨居国外的台湾居民在大陆申请婚姻登记，适用华侨办理婚姻登记的规定。

第十六条　已在大陆定居的原台湾居民在大陆申请婚姻登记，应当提交本办法第四条第二款第三项规定的证明，按照《婚姻登记管理条例》（2003 年 10 月 1 日废止，同时《婚姻登记条例》施行）的规定办理。

当事人具有本办法第五条第二、三款情形的，还应当提交第五条第二、三款规定的证明。

无法取得上述证明的，应当提交大陆公证机关公证的无配偶声明。

第十七条 办理婚姻登记的当事人，应当按规定交纳证件工本费和登记手续费。

第十八条 本办法自发布之日起施行。其他有关涉台婚姻登记管理的通知、规定与本办法不同的，以本办法为准。

中国边民与毗邻国边民婚姻登记办法

中华人民共和国民政部令

第 45 号

《中国边民与毗邻国边民婚姻登记办法》已经 2012 年 3 月 21 日民政部部务会议通过，并已经国务院批准，现予公布，自 2012 年 10 月 1 日起施行。

中华人民共和国民政部

2012 年 8 月 8 日

第一条 为规范边民婚姻登记工作，保护婚姻当事人的合法婚姻权益，根据《中华人民共和国婚姻法》、《婚姻登记条例》，制定本办法。

第二条 本办法所称边民是指中国与毗邻国边界线两侧县级行政区域内有当地常住户口的中国公民和外国人。中国与毗邻国就双方国家边境地区和边民的范围达成有关协议的，适用协议的规定。

第三条 本办法适用于中国边民与毗邻国边民在中国边境地区办理婚姻登记。

第四条 边民办理婚姻登记的机关是边境地区县级人民政府民政部门。

边境地区婚姻登记机关应当按照便民原则在交通不便的乡（镇）巡回登记。

第五条 中国边民与毗邻国边民在中国边境地区结婚，男女双方应当共同到中国一方当事人常住户口所在地的婚姻登记机关办理结婚登记。

第六条 办理结婚登记的中国边民应当出具下列证件、证明材料：

（一）本人的居民户口簿、居民身份证；

（二）本人无配偶以及与对方当事人没有直系血亲和三代以内旁系血亲关系的签字声明。

办理结婚登记的毗邻国边民应当出具下列证明材料：

（一）能够证明本人边民身份的有效护照、国际旅行证件或者边境地区出入境通行证件；

所在国公证机构或者有权机关出具的、经中华人民共和国驻该国使（领）馆认证或者该国驻华使（领）馆认证的本人无配偶的证明，或者所在国驻华使（领）馆出具的本人无配偶的证明，或者由毗邻国边境地区与中国乡（镇）人民政府同级的政府出具的本人无配偶证明。

第七条 办理结婚登记的当事人有下列情形之一的，婚姻登记机关不予登记：

（一）未到中国法定结婚年龄的；

（二）非双方自愿的；

（三）一方或者双方已有配偶的；

（四）属于直系血亲或者三代以内旁系血亲的；

（五）患有医学上认为不应当结婚的疾病的。

第八条 婚姻登记机关应当对结婚登记当事人出具的证件、证明材料进行审查并询问相关情况，对当事人符合结婚条件的，应当当场予以登记，发给结婚证。对当事人不符合结婚条件不予登记的，应当向当事人说明理由。

第九条 男女双方补办结婚登记的，适用本办法关于结婚登记的规定。

第十条 未到婚姻登记机关办理结婚登记以夫妻名义同居生活的，不成立夫妻关系。

第十一条　因受胁迫结婚的，受胁迫的边民可以依据《中华人民共和国婚姻法》第十一条的规定向婚姻登记机关请求撤销其婚姻。受胁迫方应当出具下列证件、证明材料：

（一）本人的身份证件；

（二）结婚证；

（三）要求撤销婚姻的书面申请；

（四）公安机关出具或者人民法院作出的能够证明当事人被胁迫结婚的证明材料。

受胁迫方为毗邻国边民的，其身份证件包括能够证明边民身份的有效护照、国际旅行证件或者边境地区出入境通行证件。

婚姻登记机关经审查认为受胁迫结婚的情况属实且不涉及子女抚养、财产及债务问题的，应当撤销该婚姻，宣告结婚证作废。

第十二条　中国边民与毗邻国边民在中国边境地区自愿离婚的，应当共同到中国边民常住户口所在地的婚姻登记机关办理离婚登记。

第十三条　办理离婚登记的双方当事人应当出具下列证件、证明材料：

（一）本人的结婚证；

（二）双方当事人共同签署的离婚协议书。

除上述材料外，办理离婚登记的中国边民还需要提供本人的居民户口簿和居民身份证，毗邻国边民还需要提供能够证明边民身份的有效护照、国际旅行证件或者边境地区出入境通行证件。

离婚协议书应当载明双方当事人自愿离婚的意思表示以及对子女抚养、财产及债务处理等事项协商一致的意见。

第十四条　办理离婚登记的当事人有下列情形之一的，婚姻登记机关不予受理：

（一）未达成离婚协议的；

（二）属于无民事行为能力或者限制民事行为能力人的；

（三）其结婚登记不是在中国内地办理的。

第十五条 婚姻登记机关应当对离婚登记当事人出具的证件、证明材料进行审查并询问相关情况。对当事人确属自愿离婚，并已对子女抚养、财产、债务等问题达成一致处理意见的，应当当场予以登记，发给离婚证。

第十六条 离婚的男女双方自愿恢复夫妻关系的，应当到婚姻登记机关办理复婚登记。复婚登记适用本办法关于结婚登记的规定。

第十七条 结婚证、离婚证遗失或者损毁的，中国边民可以持居民户口簿、居民身份证，毗邻国边民可以持能够证明边民身份的有效护照、国际旅行证件或者边境地区出入境通行证向原办理婚姻登记的机关或者中国一方当事人常住户口所在地的婚姻登记机关申请补领。婚姻登记机关对当事人的婚姻登记档案进行查证，确认属实的，应当为当事人补发结婚证、离婚证。

第十八条 本办法自 2012 年 10 月 1 日起施行。1995 年颁布的《中国与毗邻国边民婚姻登记管理试行办法》（民政部令第 1 号）同时废止。

出国人员婚姻登记管理办法

民政部　外交部
关于发布《出国人员婚姻登记管理办法》的通知

各省、自治区、直辖市民政厅（局），驻外使、领馆：

为加强出国人员的婚姻登记管理，保护婚姻当事人的合法权益，现发布《出国人员婚姻登记管理办法》。本办法自发布之日起施行。

中华人民共和国民政部
中华人民共和国外交部
一九九七年五月八日

第一条　为加强出国人员的婚姻登记管理，保护婚姻当事人的合法权益，依据《中华人民共和国婚姻法》、《婚姻登记管理条例》制定本办法。

第二条　本办法所称出国人员系指依法出境，在国外合法居留6个月以上未定居的中华人民共和国公民。

第三条　出国人员的婚姻登记管理机关是省、自治区、直辖市民政厅（局）指定的县级以上人民政府的民政部门和我驻外使、领馆。

第四条　出国人员中的现役军人、公安人员、武装警察、机要人员和其他掌握国家重要机密的人员不得在我驻外使、领馆和居住国办理婚姻登记。

第五条　出国人员婚姻登记应符合国家有关婚姻法律、法规的规定。

第六条 出国人员在我国境内办理结婚登记，男女双方须共同到一方户籍所在地或出国前户籍所在地的婚姻登记管理机关提出申请。

出国人员在境外办理结婚登记，男女双方须共同到我驻外使、领馆提出申请。出国人员居住国不承认外国使、领馆办理的结婚登记的，可回国内办理；在居住国办理的结婚登记，符合我国《婚姻法》基本原则和有关结婚的实质要件的，予以承认。

第七条 出国人员同居住在国内的中国公民、以及出国人员之间办理结婚登记须提供下列证件和证明：

甲、居住在国内的中国公民

（一）身份证和户口证明；

（二）所在单位或村（居）民委员会出具的婚姻状况证明。

乙、出国人员

（一）护照；

（二）所在单位（国内县级以上机关、社会团体、企事业单位）出具的婚姻状况证明；或我驻外使、领馆出具或经我驻外使、领馆认证的居住国公证机关出具的在国外期间的婚姻状况证明。

持在国外期间的婚姻状况证明且出国前已达法定婚龄的，还须提供出国前所在单位或村（居）民委员会出具的出国前的婚姻状况证明。在我驻外使、领馆办理结婚登记的，须提供国内公证机关出具的婚姻状况公证。婚姻状况公证的有效期为六个月。

居住在国内的中国公民同出国人员在国内登记结婚的还须出具婚姻登记管理机关指定医院出具的婚前健康检查证明。离过婚的，须提供有效的离婚证件。丧偶者，须提供配偶死亡证明。

第八条 已办理出国护照、签证并已注销户口尚未出国的人员，应持护照和所在单位或村（居）民委员会出具的婚姻状况证明，到注销户口前的户籍所在地或对方户籍所在地的婚姻登记管理机关办理结婚登记。

第九条 出国六个月以上，现已回国的人员，应按本办法第七条的有关规定提供本人在国外期间的婚姻状况证明；回国一年以上，确实无法取得在国外期间的婚姻状况证明的，须提供经现住所地公证机关公证的未婚或者未再婚保证书。

第十条 申请复婚的，按结婚登记程序办理。

第十一条 一方为出国人员，一方在国内，双方自愿离婚，并对子女抚养、财产处理达成协议的，双方须共同到国内一方户籍所在地或出国人员出国前的户籍所在地的婚姻登记管理机关申请离婚登记，并须提供下列证件和证明：

甲、居住在国内的中国公民

（一）身份证和户口证明；

（二）所在单位或村（居）民委员会出具的介绍信；

（三）离婚协议书；

（四）结婚证。

乙、出国人员

（一）护照；

（二）离婚协议书；

（三）结婚证。

当事人双方有争议的，可以向国内一方所在地人民法院起诉。

第十二条 双方均为出国人员，且在我驻外使、领馆办理的结婚登记，自愿离婚，并对子女抚养、财产处理达成协议的，双方须共同到原结婚登记的我驻外使、领馆申请离婚登记。居住国不承认外国使、领馆办理的离婚登记并允许当事人在该国离婚的，可以在居住国内办理离婚或回国内办理离婚。

双方有争议的，可以向出国前一方住所地人民法院提起诉讼。

第十三条 申请结婚当事人不符合法定结婚条件的，向婚姻登记管理机关隐瞒真实情况或者弄虚作假、骗取婚姻登记的，按照《婚姻登记管理条例》有关规定处理。

第十四条 本办法由民政部负责解释。

中华人民共和国反家庭暴力法

中华人民共和国主席令

第三十七号

《中华人民共和国反家庭暴力法》已由中华人民共和国第十二届全国人民代表大会常务委员会第十八次会议于2015年12月27日通过，现予公布，自2016年3月1日起施行。

中华人民共和国主席　习近平

2015 年 12 月 27 日

第一章　总　　则

第一条　为了预防和制止家庭暴力，保护家庭成员的合法权益，维护平等、和睦、文明的家庭关系，促进家庭和谐、社会稳定，制定本法。

第二条　本法所称家庭暴力，是指家庭成员之间以殴打、捆绑、残害、限制人身自由以及经常性谩骂、恐吓等方式实施的身体、精神等侵害行为。

第三条 家庭成员之间应当互相帮助，互相关爱，和睦相处，履行家庭义务。

反家庭暴力是国家、社会和每个家庭的共同责任。

国家禁止任何形式的家庭暴力。

第四条 县级以上人民政府负责妇女儿童工作的机构，负责组织、协调、指导、督促有关部门做好反家庭暴力工作。

县级以上人民政府有关部门、司法机关、人民团体、社会组织、居民委员会、村民委员会、企业事业单位，应当依照本法和有关法律规定，做好反家庭暴力工作。

各级人民政府应当对反家庭暴力工作给予必要的经费保障。

第五条 反家庭暴力工作遵循预防为主，教育、矫治与惩处相结合原则。

反家庭暴力工作应当尊重受害人真实意愿，保护当事人隐私。

未成年人、老年人、残疾人、孕期和哺乳期的妇女、重病患者遭受家庭暴力的，应当给予特殊保护。

第二章 家庭暴力的预防

第六条 国家开展家庭美德宣传教育，普及反家庭暴力知识，增强公民反家庭暴力意识。

工会、共产主义青年团、妇女联合会、残疾人联合会应当在各自工作范围内，组织开展家庭美德和反家庭暴力宣传教育。

广播、电视、报刊、网络等应当开展家庭美德和反家庭暴力宣传。

学校、幼儿园应当开展家庭美德和反家庭暴力教育。

第七条 县级以上人民政府有关部门、司法机关、妇女联合会应当将预防和制止家庭暴力纳入业务培训和统计工作。

医疗机构应当做好家庭暴力受害人的诊疗记录。

第八条 乡镇人民政府、街道办事处应当组织开展家庭暴力预防工作，居民委员会、村民委员会、社会工作服务机构应当予以配合协助。

第九条 各级人民政府应当支持社会工作服务机构等社会组织开展心理健康咨询、家庭关系指导、家庭暴力预防知识教育等服务。

第十条 人民调解组织应当依法调解家庭纠纷，预防和减少家庭暴力的发生。

第十一条 用人单位发现本单位人员有家庭暴力情况的，应当给予批评教育，并做好家庭矛盾的调解、化解工作。

第十二条 未成年人的监护人应当以文明的方式进行家庭教育，依法履行监护和教育职责，不得实施家庭暴力。

第三章 家庭暴力的处置

第十三条 家庭暴力受害人及其法定代理人、近亲属可以向加害人或者受害人所在单位、居民委员会、村民委员会、妇女联合会等单位投诉、反映或者求助。有关单位接到家庭暴力投诉、反映或者求助后，应当给予帮助、处理。

家庭暴力受害人及其法定代理人、近亲属也可以向公安机关报案或者依法向人民法院起诉。

单位、个人发现正在发生的家庭暴力行为，有权及时劝阻。

第十四条 学校、幼儿园、医疗机构、居民委员会、村民委员会、社会工作服务机构、救助管理机构、福利机构及其工作人员在工作中发现无民事行为能力人、限制民事行为能力人遭受或者疑似遭受家庭暴力的，应当及时向公安机关报案。公安机关应当对报案人的信息予以保密。

第十五条　公安机关接到家庭暴力报案后应当及时出警，制止家庭暴力，按照有关规定调查取证，协助受害人就医、鉴定伤情。

无民事行为能力人、限制民事行为能力人因家庭暴力身体受到严重伤害、面临人身安全威胁或者处于无人照料等危险状态的，公安机关应当通知并协助民政部门将其安置到临时庇护场所、救助管理机构或者福利机构。

第十六条　家庭暴力情节较轻，依法不给予治安管理处罚的，由公安机关对加害人给予批评教育或者出具告诫书。

告诫书应当包括加害人的身份信息、家庭暴力的事实陈述、禁止加害人实施家庭暴力等内容。

第十七条　公安机关应当将告诫书送交加害人、受害人，并通知居民委员会、村民委员会。

居民委员会、村民委员会、公安派出所应当对收到告诫书的加害人、受害人进行查访，监督加害人不再实施家庭暴力。

第十八条　县级或者设区的市级人民政府可以单独或者依托救助管理机构设立临时庇护场所，为家庭暴力受害人提供临时生活帮助。

第十九条　法律援助机构应当依法为家庭暴力受害人提供法律援助。

人民法院应当依法对家庭暴力受害人缓收、减收或者免收诉讼费用。

第二十条　人民法院审理涉及家庭暴力的案件，可以根据公安机关出警记录、告诫书、伤情鉴定意见等证据，认定家庭暴力事实。

第二十一条　监护人实施家庭暴力严重侵害被监护人合法权益的，人民法院可以根据被监护人的近亲属、居民委员会、村民委员会、县级人民政府民政部门等有关人员或者单位的申请，依法撤销其监护人资格，另行指定监护人。

被撤销监护人资格的加害人，应当继续负担相应的赡养、扶养、抚养费用。

第二十二条　工会、共产主义青年团、妇女联合会、残疾人联合会、居民委员会、村民委员会等应当对实施家庭暴力的加害人进行法治教育，必要时可以对加害人、受害人进行心理辅导。

第四章　人身安全保护令

第二十三条　当事人因遭受家庭暴力或者面临家庭暴力的现实危险，向人民法院申请人身安全保护令的，人民法院应当受理。

当事人是无民事行为能力人、限制民事行为能力人，或者因受到强制、威吓等原因无法申请人身安全保护令的，其近亲属、公安机关、妇女联合会、居民委员会、村民委员会、救助管理机构可以代为申请。

第二十四条　申请人身安全保护令应当以书面方式提出；书面申请确有困难的，可以口头申请，由人民法院记入笔录。

第二十五条　人身安全保护令案件由申请人或者被申请人居住地、家庭暴力发生地的基层人民法院管辖。

第二十六条　人身安全保护令由人民法院以裁定形式作出。

第二十七条　作出人身安全保护令，应当具备下列条件：

（一）有明确的被申请人；

（二）有具体的请求；

（三）有遭受家庭暴力或者面临家庭暴力现实危险的情形。

第二十八条　人民法院受理申请后，应当在七十二小时内作出人身安全保护令或者驳回申请；情况紧急的，应当在二十四小时内作出。

第二十九条　人身安全保护令可以包括下列措施：

（一）禁止被申请人实施家庭暴力；

（二）禁止被申请人骚扰、跟踪、接触申请人及其相关近亲属；

（三）责令被申请人迁出申请人住所；

（四）保护申请人人身安全的其他措施。

第三十条 人身安全保护令的有效期不超过六个月，自作出之日起生效。人身安全保护令失效前，人民法院可以根据申请人的申请撤销、变更或者延长。

第三十一条 申请人对驳回申请不服或者被申请人对人身安全保护令不服的，可以自裁定生效之日起五日内向作出裁定的人民法院申请复议一次。人民法院依法作出人身安全保护令的，复议期间不停止人身安全保护令的执行。

第三十二条 人民法院作出人身安全保护令后，应当送达申请人、被申请人、公安机关以及居民委员会、村民委员会等有关组织。人身安全保护令由人民法院执行，公安机关以及居民委员会、村民委员会等应当协助执行。

第五章　法律责任

第三十三条 加害人实施家庭暴力，构成违反治安管理行为的，依法给予治安管理处罚；构成犯罪的，依法追究刑事责任。

第三十四条 被申请人违反人身安全保护令，构成犯罪的，依法追究刑事责任；尚不构成犯罪的，人民法院应当给予训诫，可以根据情节轻重处以一千元以下罚款、十五日以下拘留。

第三十五条 学校、幼儿园、医疗机构、居民委员会、村民委员会、社会工作服务机构、救助管理机构、福利机构及其工作人员未依照本法第十四条规定向公安机关报案，造成严重后果的，由上级主管部门或者本单位对直接负责的主管人员和其他直接责任人员依法给予处分。

第三十六条 负有反家庭暴力职责的国家工作人员玩忽职守、

滥用职权、徇私舞弊的，依法给予处分；构成犯罪的，依法追究刑事责任。

第六章　附　则

第三十七条　家庭成员以外共同生活的人之间实施的暴力行为，参照本法规定执行。

第三十八条　本法自 2016 年 3 月 1 日起施行。

附　录

因家庭暴力而离婚的一般程序

（本文为参考资料）

一、家庭暴力离婚程序是怎样的

因家庭暴力想离婚首先可以协商解决，如果协商不成的，无过错方可以收集家庭暴力的证据，包括医院的病历、报警记录，还有以前发生家庭暴力的相应证据到法院提起离婚诉讼。

《婚姻法》第四十五条对重婚的，对实施家庭暴力或虐待、遗弃家庭成员构成犯罪的，依法追究刑事责任。受害人可以依照刑事诉讼法的有关规定，向人民法院自诉；公安机关应当依法侦查，人民检察院应当依法提起公诉。

第四十六条　有下列情形之一，导致离婚的，无过错方有权请求损害赔偿：

（一）重婚的；

（二）有配偶者与他人同居的；

（三）实施家庭暴力的；

（四）虐待、遗弃家庭成员的。

二、家庭暴力离婚要做哪些准备

遭遇家庭暴力，为了在离婚诉讼过程中处于有利的地位，争取到更多的权益，在离婚诉讼的过程中，一定要做好以下准备：

（一）一旦出现婚姻麻烦，并已经产生离婚的念头，一定尽早到婚姻专职律师处进行一个详细的全面的咨询，这些咨询包括双方婚姻状况、财产情况、债务情况、子女情况，律师的咨询会根据你的案情和婚姻纠纷的具体情况进行分析，并给予一个总括性的指导意见，便于当事人的后期操作。

（二）尽可能的保存好有效的证件、财产凭证等。通常情况下，当事人在日常生活中未发生矛盾时一般对此毫无戒备，但请您早作准备，以防万一。因为大多数婚姻案件中弱势一方总是在这方面根本从未留心。上述资料包括：结婚证、购房协议或房产证、车辆买卖合同、发票、存折存单、借条、股票帐户、贵重财产发票……上述凭证即使拿不到原件，也应当保存复印件留做底案，帐户号均要详细作记录。

（三）个人财产及物品妥善保管，以防被对方拿走，婚姻案件中经常发生一方当事人的工资卡、手机、个人贵重首饰，甚至是自己父母赠与的有价值财产被另一方夺走的情况。

（四）注意保存或取得与婚姻诉讼有关的证据：这些证据包括针对夫妻感情确实破裂的，包括针对夫妻共同财产或债务的，包括针对对子女抚养监护权的方方面面，例如有的女性遭受了家庭暴力，未及时报警并就医，造成了证据的灭失，再比如夫妻曾签署过书面的离婚协议书又丢失了。婚姻诉讼不同于其他民事经济案件的诉讼，证据的取得很大程度上依赖于当事人在日常生活中的收集和积累，这对婚姻关系中的一方就提出了更高的法律自我保护意识的要求。因此，建议当事人在证据取得方面，在律师的指导下，尽早着手准备。

（五）保持冷静，抓住有利时机进行离婚的谈判或调解工作：许多婚姻纠纷不一定需要对簿公堂才能解决，通过亲友的介入或律师的介入，在双方中间进行调解，有时也能促成双方和气的解除婚姻关系。这样可以避免夫妻双方耗时耗财，又能避免双方互相攻击和伤害，避免了离婚以后双方关系僵化，为维护社会生活的良好秩序也起到了一定作用。

（六）一旦条件成熟，立即着手准备起诉的材料，包括确定法院的管辖权，书写民事起诉书、授权委托书，准备结婚证、身份证、大宗财产凭证及诉讼费，同时要提起财产保全的，还应当书写"财产保全申请书"，请求人民法院主动调查搜集证据的，还应当准备"调查申请书"，另外所有的相关证据材料都应当全部备份。

关于人身安全保护令

（本文为参考资料）

人身安全保护令，是一种民事强制措施，是人民法院为了保护家庭暴力受害人及其子女和特定亲属的人身安全、确保婚姻案件诉讼程序的正常进行而作出的民事裁定。《中华人民共和国反家庭暴力法》第二十三条规定：当事人因遭受家庭暴力或者面临家庭暴力的现实危险，向人民法院申请人身安全保护令的，人民法院应当受理。当事人是无民事行为能力人、限制民事行为能力人，或者因受到强制、威吓等原因无法申请人身安全保护令的，其近亲属、公安机关、妇女联合会、居民委员会、村民委员会、救助管理机构可以代为申请。

申请人身安全保护令应当以书面方式提出；书面申请确有困难的，可以口头申请，由人民法院记入笔录。人身安全保护令案件由申请人或者被申请人居住地、家庭暴力发生地的基层人民法院管辖。人身安全保护令由人民法院以裁定形式作出。作出人身安全保护令，应当具备下列条件：

（一）有明确的被申请人；

（二）有具体的请求；

（三）有遭受家庭暴力或者面临家庭暴力现实危险的情形。人民法院受理申请后，应当在七十二小时内作出人身安全保护令或者驳回申请；情况紧急的，应当在二十四小时内作出。

人身安全保护令可以包括下列措施：

（一）禁止被申请人实施家庭暴力；

（二）禁止被申请人骚扰、跟踪、接触申请人及其相关近亲属；

（三）责令被申请人迁出申请人住所；

（四）保护申请人人身安全的其他措施。

人身安全保护令的有效期不超过六个月，自作出之日起生效。人身安全保护令失效前，人民法院可以根据申请人的申请撤销、变更或者延长。申请人对驳回申请不服或者被申请人对人身安全保护令不服的，可以自裁定生效之日起五日内向作出裁定的人民法院申请复议一次。人民法院依法作出人身安全保护令的，复议期间不停止人身安全保护令的执行。人民法院作出人身安全保护令后，应当送达申请人、被申请人、公安机关以及居民委员会、村民委员会等有关组织。人身安全保护令由人民法院执行，公安机关以及居民委员会、村民委员会等应当协助执行。

关于预防和制止家庭暴力的若干意见

全国妇联、中央宣传部、最高人民检察院
公安部、民政部、司法部、卫生部印发
《关于预防和制止家庭暴力的若干意见》的通知
妇字〔2008〕28 号

各省、自治区、直辖市妇联，党委宣传部，高级人民检察院，公安厅（局），民政厅（局），司法厅（局），卫生厅（局）：

为了进一步做好预防和制止家庭暴力工作，依法保护公民特别是妇女儿童的合法权益，促进社会主义和谐社会建设，中央宣传部、最高人民检察院、公安部、民政部、司法部、卫生部、全国妇联联合制定了《关于预防和制止家庭暴力的若干意见》。现印发给你们，请认真贯彻执行。

2008 年 7 月 31 日

为预防和制止家庭暴力，依法保护公民特别是妇女儿童的合法权益，建立平等和睦的家庭关系，维护家庭和社会稳定，促进社会主义和谐社会建设，依据《中华人民共和国婚姻法》、《中华人民共和国妇女权益保障法》、《中华人民共和国未成年人保护法》、《中华人民共和国治安管理处罚法》等有关法律，制定本意见。

第一条 本意见所称"家庭暴力"，是指行为人以殴打、捆绑、残害、强行限制人身自由或者其他手段，给其家庭成员的身体、精神等方面造成一定伤害后果的行为。

第二条 预防和制止家庭暴力，应当贯彻预防为主、标本兼治、综合治理的方针。处理家庭暴力案件，应当在查明事实、分清责任的基础上进行调解，实行教育和处罚相结合的原则。

预防和制止家庭暴力是全社会的共同责任。对于家庭暴力行为，应当及时予以劝阻、制止或者向有关部门报案、控告或者举报。

第三条 各部门要依法履行各自的职责，保障开展预防和制止家庭暴力工作的必要经费，做好预防和制止家庭暴力工作。各部门要加强协作、配合，建立处理家庭暴力案件的协调联动和家庭暴力的预防、干预、救助等长效机制，依法保护家庭成员特别是妇女儿童的合法权益。

第四条 处理家庭暴力案件的有关单位和人员，应当注意依法保护当事人的隐私。

第五条 各部门要面向社会持续、深入地开展保障妇女儿童权益法律法规和男女平等基本国策的宣传教育活动，不断增强公民的法律意识。

各部门要将预防和制止家庭暴力的有关知识列为相关业务培训内容，提高相关工作人员干预、处理家庭暴力问题的意识和能力，切实维护公民的合法权益。

第六条 各级宣传部门要指导主要新闻媒体加强舆论宣传，弘扬健康文明的家庭风尚，引导广大群众树立正确的家庭伦理道德观念，对家庭暴力行为进行揭露、批评，形成预防和制止家庭暴力的良好氛围。

第七条 公安派出所、司法所，居（村）民委员会、人民调解委员会、妇代会等组织，要认真做好家庭矛盾纠纷的疏导和调解工作，切实预防家庭暴力行为的发生。对正在实施的家庭暴力，要及时予以劝阻和制止。积极开展对家庭成员防范家庭暴力和自我保护的宣传教育，鼓励受害者及时保存证据、举报家庭暴力行为，有条件的地方应开展对施暴人的心理矫治和对受害人的心理辅导，以避免家庭暴力事件的再次发生和帮助家庭成员尽快恢复身心健康。

第八条 公安机关应当设立家庭暴力案件投诉点，将家庭暴力报警纳入"110"出警工作范围，并按照《"110"接处警规则》的有关规定对家庭暴力求助投诉及时进行处理。

公安机关对构成违反治安管理规定或构成刑事犯罪的，应当依法受理或立案，及时查处。

公安机关受理家庭暴力案件后，应当及时依法组织对家庭暴力案件受害人的伤情进行鉴定，为正确处理案件提供依据。

对家庭暴力案件，公安机关应当根据不同情况，依法及时作出处理：

（一）对情节轻微的家庭暴力案件，应当遵循既要维护受害人的合法权益，又要维护家庭团结，坚持调解的原则，对施暴者予以批评、训诫，告知其应承担的法律责任及相应的后果，防范和制止事态扩大；

（二）对违反治安管理规定的，依据《中华人民共和国治安管理处罚法》予以处罚；

（三）对构成犯罪的，依法立案侦查，做好调查取证工作，追究其刑事责任；

（四）对属于告诉才处理的虐待案件和受害人有证据证明的轻伤害案件，应当告知受害人或其法定代理人、近亲属直接向人民法院起诉，并及时将案件材料和有关证据移送有管辖权的人民法院。

第九条 人民检察院对公安机关提请批准逮捕或者移送审查起诉的家庭暴力犯罪案件，应当及时审查，区分不同情况依法作出处理。对于罪行较重、社会影响较大、且得不到被害人谅解的，依法应当追究刑事责任，符合逮捕或起诉条件的，应依法及时批准逮捕或者提起公诉。对于罪行较轻、主观恶性小、真诚悔过、人身危险性不大，以及当事人双方达成和解的，可以依法作出不批准逮捕、不起诉决定。

人民检察院要加强对家庭暴力犯罪案件的法律监督。对人民检察院认为公安机关应当立案侦查而不立案侦查的家庭暴力案件，或者受害人认为公安机关应当立案侦查而不立案侦查，而向人民检察院提出控告的家庭暴力案件，人民检察院应当认真审查，认为符合立案条件的，应当要求公安机关说明不予立案的理由。人民检察院审查后认为不予立案的理由不能成立的，应当通知公安机关依法立案，公安机关应予立案。

对人民法院在审理涉及家庭暴力案件中作出的确有错误的判决和裁定，人民检察院应当依法提出抗诉。

第十条 司法行政部门应当督促法律援助机构组织法律服务机构及从业人员，为符合条件的家庭暴力受害人提供法律援助。鼓励和支持法律服务机构对经济确有困难又达不到法律援助条件的受害人，按照有关规定酌情减收或免收法律服务费用。

对符合法律援助条件的委托人申请司法鉴定的，司法鉴定机构应当按照司法鉴定法律援助的有关规定，减收或免收司法鉴定费用。

第十一条 卫生部门应当对医疗卫生机构及其工作人员进行预防和制止家庭暴力方面的指导和培训。

医疗人员在诊疗活动中，若发现疾病和伤害系因家庭暴力所致，应对家庭暴力受害人进行及时救治，做好诊疗记录，保存相关证据，并协助公安部门调查。

第十二条 民政部门救助管理机构可以开展家庭暴力救助工作，及时受理家庭暴力受害人的求助，为受害人提供庇护和其他必要的临时性救助。

有条件的地方要建立民政、司法行政、卫生、妇联等各有关方面的合作机制，在家庭暴力受害人接受庇护期间为其提供法律服务、医疗救治、心理咨询等人文关怀服务。

第十三条 妇联组织要积极开展预防和制止家庭暴力的宣传、

培训工作，建立反对家庭暴力热线，健全维权工作网络，认真接待妇女投诉，告知受害妇女享有的权利，为受害妇女儿童提供必要的法律帮助，并协调督促有关部门及时、公正地处理家庭暴力事件。

要密切配合有关部门做好预防和制止家庭暴力工作，深化"平安家庭"创建活动，推动建立社区妇女维权工作站或家庭暴力投诉站（点），推动"零家庭暴力社区（村庄）"等的创建，参与家庭矛盾和纠纷的调解。

妇联系统的人民陪审员在参与审理有关家庭暴力的案件时，要依法维护妇女儿童的合法权益。

关于做好家庭暴力受害人庇护
救助工作的指导意见

民政部　全国妇联印发《关于做好家庭暴力
受害人庇护救助工作的指导意见》

为充分发挥民政部门和妇联组织的职能作用，依法保护家庭暴力受害人基本生存、人身安全等合法权益，依据《中华人民共和国妇女权益保障法》、《中华人民共和国未成年人保护法》、《社会救助暂行办法》等法律法规规定和《国务院关于全面建立临时救助制度的通知》精神，民政部、全国妇联印发了《关于做好家庭暴力受害人庇护救助工作的指导意见》（以下简称《意见》）。

《意见》将常住人口及流动人口中的家庭暴力受害人全部纳入庇护救助范围，明确了未成年人特殊优先保护、依法庇护、专业化帮扶、社会共同参与等原则，确定了及时受理求助、按需提供转介服务、加强受害人人身安全保护、强化未成年受害人救助保护等主要环节和工作内容，并从健全工作机制、加强能力建设、动员社会参与、强化宣传引导等方面提出了具体工作要求。

《意见》明晰了民政部门和妇联组织在家庭暴力受害人庇护救助工作中的职责分工和协作机制，强调了遭受家庭暴力侵害未成年人的权益保护措施，细化了动员引导社会力量参与家庭暴力受害人庇护救助的具体内容和支持措施，将为各地民政部门加强与妇联组织的协作配合，发挥各自优势共同做好家庭暴力受害人庇护救助工作提供有力的政策依据和明确的工作指引。

民政部　全国妇联

2015 年 9 月 24 日

各省、自治区、直辖市民政厅（局）、妇联，新疆生产建设兵团民政局、妇联：

为加大反对家庭暴力工作力度，依法保护家庭暴力受害人，特别是遭受家庭暴力侵害的妇女、未成年人、老年人等弱势群体的人身安全和其他合法权益，根据《中华人民共和国妇女权益保障法》、《中华人民共和国未成年人保护法》、《中华人民共和国老年人权益保障法》、《社会救助暂行办法》等有关规定，现就民政部门和妇联组织做好家庭暴力受害人（以下简称受害人）庇护救助工作提出以下指导意见：

一、工作对象

家庭暴力受害人庇护救助工作对象是指常住人口及流动人口中，因遭受家庭暴力导致人身安全受到威胁，处于无处居住等暂时生活困境，需要进行庇护救助的未成年人和寻求庇护救助的成年受害人。寻求庇护救助的妇女可携带需要其照料的未成年子女同时申请庇护。

二、工作原则

（一）未成年人特殊、优先保护原则

为遭受家庭暴力侵害的未成年人提供特殊、优先保护，积极主动庇护救助未成年受害人。依法干预处置监护人侵害未成年人合法权益的行为，切实保护未成年人合法权益。

（二）依法庇护原则

依法为受害人提供临时庇护救助服务，充分尊重受害人合理意愿，严格保护其个人隐私。积极运用家庭暴力告诫书、人身安全保护裁定、调解诉讼等法治手段，保障受害人人身安全，维护其合法权益。

（三）专业化帮扶原则

积极购买社会工作、心理咨询等专业服务，鼓励受害人自主接受救助方案和帮扶方式，协助家庭暴力受害人克服心理阴影和行为障碍，协调解决婚姻、生活、学习、工作等方面的实际困难，帮助其顺利返回家庭、融入社会。

（四）社会共同参与原则

在充分发挥民政部门和妇联组织职能职责和工作优势的基础上，动员引导多方面社会力量参与受害人庇护救助服务和反对家庭暴力宣传等工作，形成多方参与、优势互补、共同协作的工作合力。

三、工作内容

（一）及时受理求助

妇联组织要及时接待受害人求助请求或相关人员的举报投诉，根据调查了解的情况向公安机关报告，请公安机关对家庭暴力行为进行调查处置。妇联组织、民政部门发现未成年人遭受虐待、暴力伤害等家庭暴力情形的，应当及时报请公安机关进行调查处置和干预保护。民政部门及救助管理机构应当及时接收公安机关、妇联等有关部门护送或主动寻求庇护救助的受害人，办理入站登记手续，根据性别、年龄实行分类分区救助，妥善安排食宿等临时救助服务并做好隐私保护工作。救助管理机构庇护救助成年受害人期限一般不超过 10 天，因特殊情况需要延长的，报主管民政部门备案。城乡社区服务机构可以为社区内遭受家庭暴力的居民提供应急庇护救助服务。

（二）按需提供转介服务

民政部门及救助管理机构和妇联组织可以通过与社会工作服务机构、心理咨询机构等专业力量合作方式对受害人进行安全评估和需求评估，根据受害人的身心状况和客观需求制定个案服务方案。要积极协调人民法院、司法行政、人力资源社会保障、卫生等部门、社会救助经办机构、医院和社会组织，为符合条件的受害人提供司法救助、法律援助、婚姻家庭纠纷调解、就业援助、医疗救助、心理康复等转介服务。对于实施家庭暴力的未成年人监护人，应通过家庭教育指导、监护监督等多种方式，督促监护人改善监护方式，提升监护能力；对于目睹家庭暴力的未成年人，要提供心理辅导和关爱服务。

（三）加强受害人人身安全保护

民政部门及救助管理机构或妇联组织可以根据需要协助受害人或代表未成年受害人向人民法院申请人身安全保护裁定，依法保护受害人的人身安全，避免其再次受到家庭暴力的侵害。成年受害人在庇护期间自愿离开救助管理机构的，应提出书面申请，说明离开原因，可自行离开、由受害人亲友接回或由当地村（居）民委员会、基层妇联组织护送回家。其他监护人、近亲属前来接领未成年受害人的，经公安机关或村（居）民委员会确认其身份后，救助管理机构可以将未成年受害人交由其照料，并与其办理书面交接手续。

（四）强化未成年受害人救助保护

民政部门和救助管理机构要按照《最高人民法院 最高人民检察院 公安部 民政部关于依法处理监护人侵害未成年人权益行为若干问题的意见》（法发〔2014〕24号）要求，做好未成年受害人临时监护、调查评估、多方会商等工作。救助管理机构要将遭受家庭暴力侵害的未成年受害人安排在专门区域进行救助保护。对于年幼的未成年受害人，要安排专业社会工作者或专人予以陪护和精心照料，待其情绪稳定后可根据需要安排到爱心家庭寄养。未成年受害人接受司法机关调查时，民政部门或救助管理机构要安排专职社会工作者或专人予以陪伴，必要时请妇联组织派员参加，避免其受到"二次伤害"。对于遭受严重家庭暴力侵害的未成年人，民政部门或救助管理机构、妇联组织可以向人民法院提出申请，要求撤销施暴人监护资格，依法另行指定监护人。

四、工作要求

（一）健全工作机制

民政部门和妇联组织要建立有效的信息沟通渠道，建立健全定期会商、联合作业、协同帮扶等联动协作机制，细化具体任务职责和合作流程，共同做好受害人的庇护救助和权益维护工作。民政部门及救助管理机构要为妇联组织、司法机关开展受害人维权服务、司法调查等工作提供设施场所、业务协作等便利。妇联组织要依法为受害人提供维权服务。

（二）加强能力建设

民政部门及救助管理机构和妇联组织要选派政治素质高、业务能力强的工作人员参与受害人庇护救助工作，加强对工作人员的业务指导和能力培训。救助管理机构应开辟专门服务区域设立家庭暴力庇护场所，实现与流浪乞讨人员救助服务区域的相对隔离，有条件的地方可充分利用现有设施设置生活居室、社会工作室、心理访谈室、探访会客室等，设施陈列和环境布置要温馨舒适。救助管理机构要加强家庭暴力庇护工作的管理服务制度建设，建立健全来访会谈、出入登记、隐私保护、信息查阅等制度。妇联组织要加强"12338"法律维权热线和维权队伍建设，为受害人主动求助、法律咨询和依法维权提供便利渠道和服务。

（三）动员社会参与

民政部门和救助管理机构可以通过购买服务、项目合作、志愿服务等多种方式，鼓励支持社会组织、社会工作服务机构、法律服务机构参与家庭暴力受害人庇护救助服务,提供法律政策咨询、心理疏导、婚姻家庭纠纷调解、家庭关系辅导、法律援助等服务,并加强对社会力量的统筹协调。妇联组织可以发挥政治优势、组织优势和群众工作优势,动员引导爱心企业、爱心家庭和志愿者等社会力量通过慈善捐赠、志愿服务等方式参与家庭暴力受害人庇护救助服务。

(四)强化宣传引导

各级妇联组织和民政部门要积极调动舆论资源,主动借助新兴媒体,切实运用各类传播阵地,公布家庭暴力救助维权热线电话,开设反对家庭暴力专题栏目,传播介绍反对家庭暴力的法律法规;加强依法处理家庭暴力典型事例(案例)的法律解读、政策释义和宣传报道,引导受害人及时保存证据,依法维护自身合法权益;城乡社区服务机构要积极开展反对家庭暴力宣传,提高社区居民参与反对家庭暴力工作的意识,鼓励社区居民主动发现和报告监护人虐待未成年人等家庭暴力线索。

关于依法办理家庭暴力犯罪案件的意见

最高人民法院　最高人民检察院　公安部 司法部印发
《关于依法办理家庭暴力犯罪案件的意见》的通知
法发〔2015〕4 号

各省、自治区、直辖市高级人民法院、人民检察院、公安厅（局）、司法厅（局），解放军军事法院、军事检察院，新疆维吾尔自治区高级人民法院生产建设兵团分院，新疆生产建设兵团人民检察院、公安局、司法局：

为积极预防和有效惩治家庭暴力犯罪，加强对家庭暴力被害人的刑事司法保护，现将《最高人民法院、最高人民检察院、公安部、司法部关于依法办理家庭暴力犯罪案件的意见》印发给你们，请认真贯彻执行。

最高人民法院
最高人民检察院
中华人民共和国公安部
中华人民共和国司法部
2015 年 3 月 2 日

发生在家庭成员之间，以及具有监护、扶养、寄养、同居等关系的共同生活人员之间的家庭暴力犯罪，严重侵害公民人身权利，破坏家庭关系，影响社会和谐稳定。人民法院、人民检察院、公安机关、司法行政机关应当严格履行职责，充分运用法律，积极预防和有效惩治各种家庭暴力犯罪，切实保障人权，维护社会秩序。为此，根据刑法、刑事诉讼法、婚姻法、未成年人保护法、老年人权益保障法、妇女权益保障法等法律，结合司法实践经验，制定本意见。

一、基本原则

（一）依法及时、有效干预

针对家庭暴力持续反复发生，不断恶化升级的特点，人民法院、人民检察院、公安机关、司法行政机关对已发现的家庭暴力，应当依法采取及时、有效的措施，进行妥善处理，不能以家庭暴力发生在家庭成员之间，或者属于家务事为由而置之不理，互相推诿。

（二）保护被害人安全和隐私

办理家庭暴力犯罪案件，应当首先保护被害人的安全。通过对被害人进行紧急救治、临时安置，以及对施暴人采取刑事强制措施、判处刑罚、宣告禁止令等措施，制止家庭暴力并防止再次发生，消除家庭暴力的现实侵害和潜在危险。对与案件有关的个人隐私，应当保密，但法律有特别规定的除外。

（三）尊重被害人意愿

办理家庭暴力犯罪案件，既要严格依法进行，也要尊重被害人的意愿。在立案、采取刑事强制措施、提起公诉、判处刑罚、减刑、假释时，应当充分听取被害人意见，在法律规定的范围内作出合情、合理的处理。对法律规定可以调解、和解的案件，应当在当事人双方自愿的基础上进行调解、和解。

（四）对未成年人、老年人、残疾人、孕妇、哺乳期妇女、重病患者特殊保护

办理家庭暴力犯罪案件，应当根据法律规定和案件情况，通过代为告诉、法律援助等措施，加大对未成年人、老年人、残疾人、孕妇、哺乳期妇女、重病患者的司法保护力度，切实保障他们的合法权益。

二、案件受理

（五）积极报案、控告和举报

依照刑事诉讼法第一百零八条第一款"任何单位和个人发现有

犯罪事实或者犯罪嫌疑人，有权利也有义务向公安机关、人民检察院或者人民法院报案或者举报"的规定，家庭暴力被害人及其亲属、朋友、邻居、同事，以及村（居）委会、人民调解委员会、妇联、共青团、残联、医院、学校、幼儿园等单位、组织，发现家庭暴力，有权利也有义务及时向公安机关、人民检察院、人民法院报案、控告或者举报。

公安机关、人民检察院、人民法院对于报案人、控告人和举报人不愿意公开自己的姓名和报案、控告、举报行为的，应当为其保守秘密，保护报案人、控告人和举报人的安全。

（六）迅速审查、立案和转处

公安机关、人民检察院、人民法院接到家庭暴力的报案、控告或者举报后，应当立即问明案件的初步情况，制作笔录，迅速进行审查，按照刑事诉讼法关于立案的规定，根据自己的管辖范围，决定是否立案。对于符合立案条件的，要及时立案。对于可能构成犯罪但不属于自己管辖的，应当移送主管机关处理，并且通知报案人、控告人或者举报人；对于不属于自己管辖而又必须采取紧急措施的，应当先采取紧急措施，然后移送主管机关。

经审查，对于家庭暴力行为尚未构成犯罪，但属于违反治安管理行为的，应当将案件移送公安机关，依照治安管理处罚法的规定进行处理，同时告知被害人可以向人民调解委员会提出申请，或者向人民法院提起民事诉讼，要求施暴人承担停止侵害、赔礼道歉、赔偿损失等民事责任。

（七）注意发现犯罪案件

公安机关在处理人身伤害、虐待、遗弃等行政案件过程中，人民法院在审理婚姻家庭、继承、侵权责任纠纷等民事案件过程中，应当注意发现可能涉及的家庭暴力犯罪。一旦发现家庭暴力犯罪线索，公安机关应当将案件转为刑事案件办理，人民法院应当将案件移送公安机关；属于自诉案件的，公安机关、人民法院应当告知被害人提起自诉。

（八）尊重被害人的程序选择权

对于被害人有证据证明的轻微家庭暴力犯罪案件，在立案审查时，应当尊重被害人选择公诉或者自诉的权利。被害人要求公安机关处理的，公安机关应当依法立案、侦查。在侦查过程中，被害人不再要求公安机关处理或者要求转为自诉案件的，应当告知被害人向公安机关提交书面申请。经审查确系被害人自愿提出的，公安机关应当依法撤销案件。被害人就这类案件向人民法院提起自诉的，人民法院应当依法受理。

（九）通过代为告诉充分保障被害人自诉权

对于家庭暴力犯罪自诉案件，被害人无法告诉或者不能亲自告诉的，其法定代理人、近亲属可以告诉或者代为告诉；被害人是无行为能力人、限制行为能力人，其法定代理人、近亲属没有告诉或者代为告诉的，人民检察院可以告诉；侮辱、暴力干涉婚姻自由等告诉才处理的案件，被害人因受强制、威吓无法告诉的，人民检察院也可以告诉。人民法院对告诉或者代为告诉的，应当依法受理。

（十）切实加强立案监督

人民检察院要切实加强对家庭暴力犯罪案件的立案监督，发现公安机关应当立案而不立案的，或者被害人及其法定代理人、近亲属，有关单位、组织就公安机关不予立案向人民检察院提出异议的，人民检察院应当要求公安机关说明不立案的理由。人民检察院认为不立案理由不成立的，应当通知公安机关立案，公安机关接到通知后应当立案；认为不立案理由成立的，应当将理由告知提出异议的被害人及其法定代理人、近亲属或者有关单位、组织。

（十一）及时、全面收集证据

公安机关在办理家庭暴力案件时，要充分、全面地收集、固定证据，除了收集现场的物证、被害人陈述、证人证言等证据外，还应当注意及时向村（居）委会、人民调解委员会、妇联、共青团、残联、医院、学校、幼儿园等单位、组织的工作人员，以及被害人的亲属、邻居等收集涉及家庭暴力的处理记录、病历、照片、视频等证据。

（十二）妥善救治、安置被害人

人民法院、人民检察院、公安机关等负有保护公民人身安全职责的单位和组织，对因家庭暴力受到严重伤害需要紧急救治的被害人，应当立即协助联系医疗机构救治；对面临家庭暴力严重威胁，或者处于无人照料等危险状态，需要临时安置的被害人或者相关未成年人，应当通知并协助有关部门进行安置。

（十三）依法采取强制措施

人民法院、人民检察院、公安机关对实施家庭暴力的犯罪嫌疑人、被告人，符合拘留、逮捕条件的，可以依法拘留、逮捕；没有采取拘留、逮捕措施的，应当通过走访、打电话等方式与被害人或者其法定代理人、近亲属联系，了解被害人的人身安全状况。对于犯罪嫌疑人、被告人再次实施家庭暴力的，应当根据情况，依法采取必要的强制措施。

人民法院、人民检察院、公安机关决定对实施家庭暴力的犯罪嫌疑人、被告人取保候审的，为了确保被害人及其子女和特定亲属的安全，可以依照刑事诉讼法第六十九条第二款的规定，责令犯罪嫌疑人、被告人不得再次实施家庭暴力；不得侵扰被害人的生活、工作、学习；不得进行酗酒、赌博等活动；经被害人申请且有必要的，责令不得接近被害人及其未成年子女。

（十四）加强自诉案件举证指导

家庭暴力犯罪案件具有案发周期较长、证据难以保存，被害人处于相对弱势、举证能力有限，相关事实难以认定等特点。有些特点在自诉案件中表现得更为突出。因此，人民法院在审理家庭暴力自诉案件时，对于因当事人举证能力不足等原因，难以达到法律规定的证据要求的，应当及时对当事人进行举证指导，告知需要收集的证据及收集证据的方法。对于因客观原因不能取得的证据，当事人申请人民法院调取的，人民法院应当认真审查，认为确有必要的，应当调取。

（十五）加大对被害人的法律援助力度

人民检察院自收到移送审查起诉的案件材料之日起三日内，人民法院自受理案件之日起三日内，应当告知被害人及其法定代理人或者近亲属有权委托诉讼代理人，如果经济困难，可以向法律援助机构申请法律援助；对于被害人是未成年人、老年人、重病患者或者残疾人等，因经济困难没有委托诉讼代理人的，人民检察院、人民法院应当帮助其申请法律援助。

法律援助机构应当依法为符合条件的被害人提供法律援助，指派熟悉反家庭暴力法律法规的律师办理案件。

三、定罪处罚

（十六）依法准确定罪处罚

对故意杀人、故意伤害、强奸、猥亵儿童、非法拘禁、侮辱、暴力干涉婚姻自由、虐待、遗弃等侵害公民人身权利的家庭暴力犯罪，应当根据犯罪的事实、犯罪的性质、情节和对社会的危害程度，严格依照刑法的有关规定判处。对于同一行为同时触犯多个罪名的，依照处罚较重的规定定罪处罚。

（十七）依法惩处虐待犯罪

采取殴打、冻饿、强迫过度劳动、限制人身自由、恐吓、侮辱、谩骂等手段，对家庭成员的身体和精神进行摧残、折磨，是实践中较为多发的虐待性质的家庭暴力。根据司法实践，具有虐待持续时间较长、次数较多；虐待手段残忍；虐待造成被害人轻微伤或者患较严重疾病；对未成年人、老年人、残疾人、孕妇、哺乳期妇女、重病患者实施较为严重的虐待行为等情形，属于刑法第二百六十条第一款规定的虐待"情节恶劣"，应当依法以虐待罪定罪处罚。

准确区分虐待犯罪致人重伤、死亡与故意伤害、故意杀人犯罪致人重伤、死亡的界限，要根据被告人的主观故意、所实施的暴力手段与方式、是否立即或者直接造成被害人伤亡后果等进行综合判断。对于被告人主观上不具有侵害被害人健康或者剥夺被害人生命的故意，而是出于追求被害人肉体和精神上的痛苦，长期或者多次实施虐待行为，逐渐造成被害人身体损害，过失导致被害人重伤或者死亡的；或者因虐待致使被害人不堪忍受而自残、自杀，导致重伤或者死亡的，属于刑法第二百六十条第二款规定的虐待"致使被害人重伤、死亡"，应当以虐待罪定罪处罚。对于被告人虽然实施家庭暴力呈现出经常性、持续性、反复性的特点，但其主观上具有希望或者放任被害人重伤或者死亡的故意，持凶器实施暴力，暴力手段残忍，暴力程度较强，直接或者立即造成被害人重伤或者死亡的，应当以故意伤害罪或者故意杀人罪定罪处罚。

依法惩处遗弃犯罪。负有扶养义务且有扶养能力的人，拒绝扶养年幼、年老、患病或者其他没有独立生活能力的家庭成员，是危害严重的遗弃性质的家庭暴力。根据司法实践，具有对被害人长期不予照顾、不提供生活来源；驱赶、逼迫被害人离家，致使被害人流离失所或者生存困难；遗弃患严重疾病或者生活不能自理的被害人；遗弃致使被害人身体严重损害或者造成其他严重后果等情形，属于刑法第二百六十一条规定的遗弃"情节恶劣"，应当依法以遗弃罪定罪处罚。

准确区分遗弃罪与故意杀人罪的界限，要根据被告人的主观故意、所实施行为的时间与地点、是否立即造成被害人死亡，以及被害人对被告人的依赖程度等进行综合判断。对于只是为了逃避扶养义务，并不希望或者放任被害人死亡，将生活不能自理的被害人弃置在福利院、医院、派出所等单位或者广场、车站等行人较多的场所，希望被害人得到他人救助的，一般以遗弃罪定罪处罚。对于希望或者放任被害人死亡，不履行必要的扶养义务，致使被害人因缺乏生活照料而死亡，或者将生活不能自理的被害人带至荒山野岭等人迹罕至的场所扔弃，使被害人难以得到他人救助的，应当以故意杀人罪定罪处罚。

（十八）切实贯彻宽严相济刑事政策

对于实施家庭暴力构成犯罪的，应当根据罪刑法定、罪刑相适应原则，兼顾维护家庭稳定、尊重被害人意愿等因素综合考虑，宽严并用，区别对待。根据司法实践，对于实施家庭暴力手段残忍或者造成严重后果；出于恶意侵占财产等卑劣动机实施家庭暴力；因酗酒、吸毒、赌博等恶习而长期或者多次实施家庭暴力；曾因实施家庭暴力受到刑事处罚、行政处罚；或者具有其他恶劣情形的，可以酌情从重处罚。对于实施家庭暴力犯罪情节较轻，或者被告人真诚悔罪，获得被害人谅解，从轻处罚有利于被扶养人的，可以酌情从轻处罚；对于情节轻微不需要判处刑罚的，人民检察院可以不起诉，人民法院可以判处免予刑事处罚。

对于实施家庭暴力情节显著轻微危害不大不构成犯罪的，应当撤销案件、不起诉，或者宣告无罪。

人民法院、人民检察院、公安机关应当充分运用训诫，责令施暴人保证不再实施家庭暴力，或者向被害人赔礼道歉、赔偿损失等非刑罚处罚措施，加强对施暴人的教育与惩戒。

（十九）准确认定对家庭暴力的正当防卫

为了使本人或者他人的人身权利免受不法侵害，对正在进行的家庭暴力采取制止行为，只要符合刑法规定的条件，就应当依法认定为正当防卫，不负刑事责任。防卫行为造成施暴人重伤、死亡，且明显超过必要限度，属于防卫过当，应当负刑事责任，但是应当减轻或者免除处罚。

认定防卫行为是否"明显超过必要限度"，应当以足以制止并使防卫人免受家庭暴力不法侵害的需要为标准，根据施暴人正在实施家庭暴力的严重程度、手段的残忍程度，防卫人所处的环境、面临的危险程度、采取的制止暴力的手段、造成施暴人重大损害的程度，以及既往家庭暴力的严重程度等进行综合判断。

（二十）充分考虑案件中的防卫因素和过错责任

对于长期遭受家庭暴力后，在激愤、恐惧状态下为了防止再次遭受家庭暴力，或者为了摆脱家庭暴力而故意杀害、伤害施暴人，被告人的行为具有防卫因素，施暴人在案件起因上具有明显过错或者直接责任的，可以酌情从宽处罚。对于因遭受严重家庭暴力，身体、精神受到重大损害而故意杀害施暴人；或者因不堪忍受长期家庭暴力而故意杀害施暴人，犯罪情节不是特别恶劣，手段不是特别残忍的，可以认定为刑法第二百三十二条规定的故意杀人"情节较轻"。在服刑期间确有悔改表现的，可以根据其家庭情况，依法放宽减刑的幅度，缩短减刑的起始时间与间隔时间；符合假释条件的，应当假释。被杀害施暴人的近亲属表示谅解的，在量刑、减刑、假释时应当予以充分考虑。

四、其他措施

（二十一）充分运用禁止令措施

人民法院对实施家庭暴力构成犯罪被判处管制或者宣告缓刑的犯罪分子，为了确保被害人及其子女和特定亲属的人身安全，可以依照刑法第三十八条第二款、第七十二条第二款的规定，同时禁止犯罪分子再次实施家庭暴力，侵扰被害人的生活、工作、学习，进行酗酒、赌博等活动；经被害人申请且有必要的，禁止接近被害人及其未成年子女。

（二十二）告知申请撤销施暴人的监护资格

人民法院、人民检察院、公安机关对于监护人实施家庭暴力，严重侵害被监护人合法权益的，在必要时可以告知被监护人及其他有监护资格的人员、单位，向人民法院提出申请，要求撤销监护人资格，依法另行指定监护人。

（二十三）充分运用人身安全保护措施

人民法院为了保护被害人的人身安全，避免其再次受到家庭暴力的侵害，可以根据申请，依照民事诉讼法等法律的相关规定，作出禁止施暴人再次实施家庭暴力、禁止接近被害人、迁出被害人的住所等内容的裁定。对于施暴人违反裁定的行为，如对被害人进行威胁、恐吓、殴打、伤害、杀害，或者未经被害人同意拒不迁出住所的，人民法院可以根据情节轻重予以罚款、拘留；构成犯罪的，应当依法追究刑事责任。

（二十四）充分运用社区矫正措施

社区矫正机构对因实施家庭暴力构成犯罪被判处管制、宣告缓刑、假释或者暂予监外执行的犯罪分子，应当依法开展家庭暴力行为矫治，通过制定有针对性的监管、教育和帮助措施，矫正犯罪分子的施暴心理和行为恶习。

（二十五）加强反家庭暴力宣传教育

人民法院、人民检察院、公安机关、司法行政机关应当结合本部门工作职责，通过以案说法、社区普法、针对重点对象法制教育等多种形式，开展反家庭暴力宣传教育活动，有效预防家庭暴力，促进平等、和睦、文明的家庭关系，维护社会和谐、稳定。